ユーロ銀行同盟の構図《ラビリンス》

その死角をストレステスト

米倉 茂［著］
Shigeru Yonekura

文眞堂

はじめに

ユーロ銀行同盟とは?　今年二〇一四年三月二〇日にEU会議においてユーロ銀行同盟構想が基本的に合意され（四月に欧州議会で承認）、今年秋にこのユーロ銀行同盟が始動します。この銀行同盟の狙いは、従来、ユーロ各国バラバラだった銀行行政を統一し、金融危機が起きた時にユーロ圏諸国全体で統一的、機動的に危機へ対応することです。具体的にはユーロ圏内で単一の銀行監督、単一の銀行破綻処理方式、単一の預金保険機構を導入することです（図0−1）。

ではなぜこのような汎ユーロ的な銀行同盟を導入するのでしょう?　それは一連の世界的金融危機に対しユーロ各国が有効に対応できなかった苦い経験から学ぶためです。リーマン・ショックやユーロ国家債務危機（いわゆるユーロ・ソブリン危機）に伴う銀行危機はユーロ圏諸国の一国の枠内にとどまりませんでした。いずれの場合も金融危機は国内にとどまらず他のユーロ圏諸国も巻き込むクロスボーダーの広がりを見せました。しかし、このクロスボーダーの金融危機にユーロ圏各国は一国レベルの対応に終始していました。一国主義的対応の限界はあまりにも明らかだったのです。そこで今

図0-1　三脚テーブルにたとえられるユーロ銀行同盟の側面図

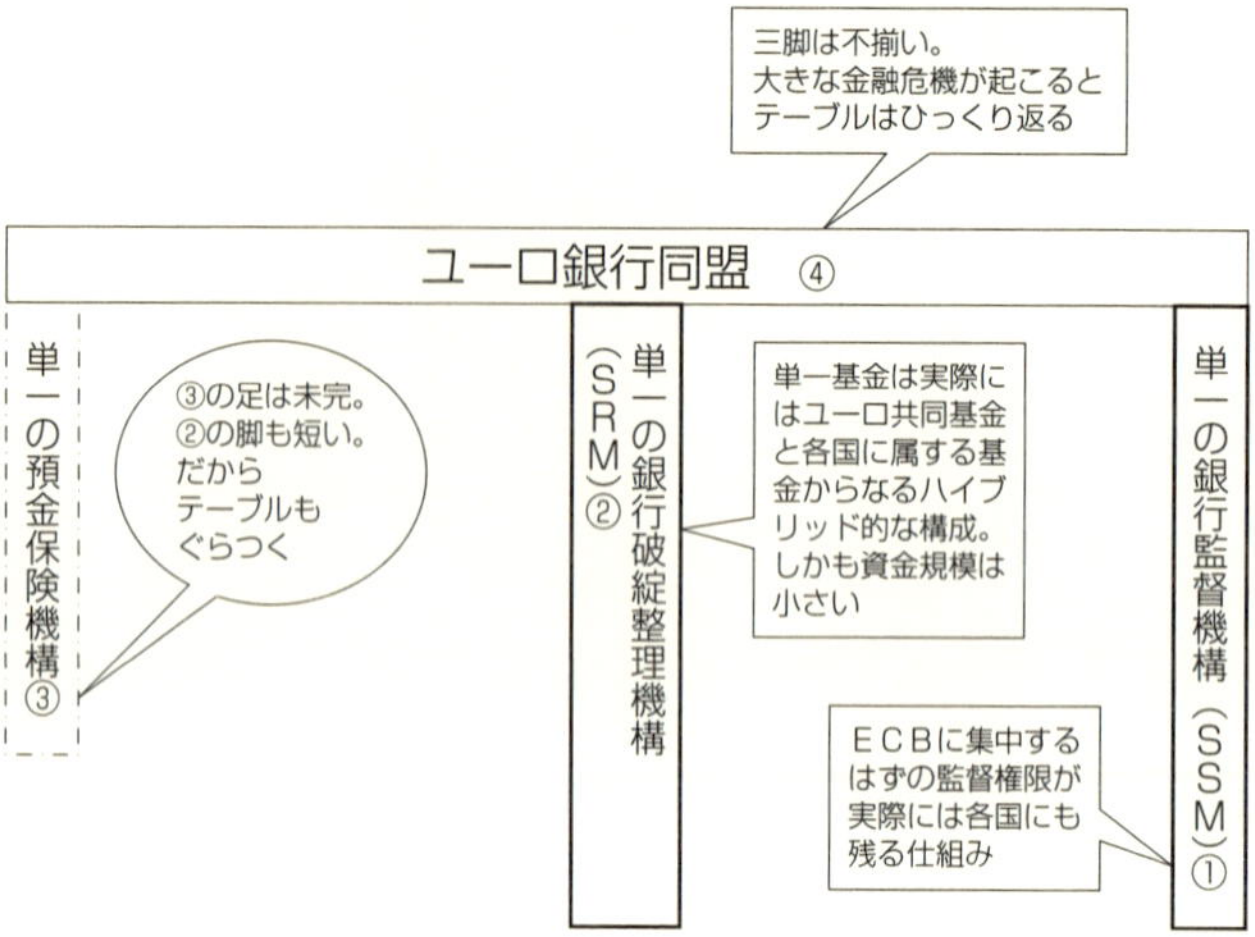

後銀行危機が起きた時には、ユーロ圏諸国は各国バラバラに対応しないでユーロ圏全体で対応する体制を構築する。これがユーロ銀行同盟を立ち上げる動機なのです。ユーロ圏全体の共同の体制で、あるいは共同の基金を活用しながら破綻した問題銀行を整理・解体すれば金融危機がユーロ圏全体に波及することは防げる。破綻した銀行を一国でなくユーロ共同基金で秩序だてて整理すれば、これまで頻発していたユーロ・ソブリン危機は避けられるというわけです。

ユーロ圏には今でも金融上の地雷が敷きつめられている　かつてギリシャ国家債務不履行問題をきっかけに強まっていたユーロ危機も二〇一四年春の時点では治まっているようにみえます。ＩＭＦ、ＥＵ、ＥＣＢ等から国際支援を受けていたアイルランドやスペイン、ポルトガルも国債利回りが低下し、市場で国債を発行できるようになっています。他の国の援助を受けることなく市場から資金を調達しているのです。

ではたしてユーロ危機（欧州債務危機）の根本原因は解消しているのでしょうか？　答えは否です。ユーロ圏にはユーロ危機を誘発する地雷がいっぱい敷きつめられたままなのです。

それは今秋に始動するユーロ銀行同盟の内実をみると明らかになります。たとえばその共同基金の規模です。ユーロ圏の銀行破綻処理のための共同基金は何から構成されるのでしょう？　ユーロ圏の銀行に課す課金です。基本的に公的資金に頼らず民間のお金で金融危機に対処しようとするというわけです。ところが銀行同盟の核をなすこの共同基金はせいぜい五五〇億ユーロの規模にすぎず、しかも共同基金が開始されて八年もかけて積み立てるというものです。この共同基金はあまりにも小さすぎます。そもそもギリシャ危機の時には四〇〇億ユーロ、アイルランドの金融危機では一つの銀行だけでも二〇〇億ユーロのコストがかかっていました。これをみてもユーロ銀行破綻処理の共同基金の規模は実にお寒い限りなのです。銀行が一、二行破綻しただけで共同基金は吹き飛ばされてしまうでしょう。

しかもこのような大規模な金融危機が起きた場合にも、公的資金は一ユーロも準備されていないのです（依然として協議の段階）。これで一体、リーマン・ショックやユーロ国家債務危機のような大規模な金融危機に対応できるのでしょうか？　世界的な金融危機が起きた時、公的資金を投入せずにその危機を抑えることができるのでしょうか？

公的資金の準備を避ける理由となったユーロ国家債務危機　すでに紹介したとおり、ユーロ銀行同盟の場合、金融危機が起きた時は公的資金を投入しないのが原則です。公的資金を使わないで破綻した銀行を整理することをベイルイン方式、公的資金を投入して銀行を整理する方式をベイルアウト方式と呼びます。ユーロ銀行同盟がベイルイン方式にこだわるのにはわけがあります。

これをもう少し具体的にみておきましょう。ユーロ危機を総体でみれば、ギリシャ問題は大した問題ではありません。問題になるのはユーロ各国における連鎖反応でした。ギリシャ問題と似たような状況が他のユーロ圏にもあると連想され、実際、そういう状況が現実化しました。その典型がアイルランドとスペインでした。二〇〇七－〇八年の世界的金融危機では米国のサブプライム問題が世界的に大きな話題になりましたが、実は北大西洋の対岸のアイルランド、スペインの不動産ブームはアメリカの住宅ブームと同時進行しており、しかもそれをはるかに上回る規模で進展していたのです。不動産ブームの規模でいえば、欧州の方がアメリカよりも激しかったわけです。しかもドイツなどを中心にユーロ圏の銀行はアメリカのサブプライムローン証券化商品の取引に深く関わっていたのです。

そして二〇〇七－〇八年の世界的金融危機の衝撃を受けて両国の不動産ブームは崩壊し、そのブームにはまっていた銀行部門を救うはずの国家も莫大な救済支出を強いられて財政にゆきづまりました。しかもこれらユーロ周縁国の国債を買っていた他のユーロ圏諸国の銀行も巻きぞえにあったのです。これがいわゆるソブリン危機と銀行危機の死の連鎖と呼ばれるものです。国家と銀行が共倒れしてしまう懸念です。実際、アイルランドはそういう状態に陥り、ＥＵやＩＭＦ等から国際支援を仰いだのです。

ユーロ・ソブリン危機の再発を防ごうとするユーロ銀行同盟　銀行同盟はこのソブリン危機と銀行危機の死の連鎖を断ち切るために構想されました。だから銀行整理のために公的資金を投入して国家も危うくなる事態はどうしても避けたいわけです。したがって銀行救済のために公的資金を投入するわけにいかないというのです。

戦後、先進諸国の中で、ソブリン危機と銀行危機の複合危機の現象が発生したのはユーロ圏だけです。いずれにしろ、銀行が放漫経営をやって破綻した。そして国家が金融システムを守るために多額の公的資金を注入したり景気浮揚対策のために金を使ったので、銀行の損失をもろに被り、国家財政も破綻した。

だから今後は破綻した銀行を整理するためには原則として、公的資金を使わない。その代わり銀行破綻処理の負担は銀行や投資家に負わせ、それが足りない場合にはユーロ圏の銀行全体の課金からなる共同基金で問題銀行を処理し、他の銀行への延焼を防ぐというのです。

単一の銀行監督・銀行破綻処理・預金保険機構という三位一体の神話　しかしすでに紹介したとおり、この民間の銀行への課金から成る基金はユーロの銀行システムや金融危機で発生すると予想される損失の額と比べればあまりにも小さすぎます。カマキリが両手を斧と錯覚して馬に飛びかかるようなものです。そして世界の大金融危機の発生・終息の経緯をみればわかるとおり、大規模な金融危機の時に公的資金が投入されなかったためしがありません。

ユーロ銀行同盟を支えるはずの三本の柱も実に危ういものです。本来、大規模な金融危機が起きた時、各国は銀行監督、銀行破綻処理、預金保険機構を三位一体的に動員しながら危機に対処します。ユーロ銀行同盟の場合、このような金融危機が起きた時にユーロ圏の各国バラバラでなくユーロ全体で統一して対応しようとするものです。ところがユーロ銀行同盟の場合、この三本柱がそろっていないのです（図0－1）。ユーロ銀行同盟というテーブルを支える三本の脚が不ぞろいだからです。すると大きな金融危機が起こると銀行同盟というテーブルはひっくりかえります。その点は本書の第1～3章で詳しく明らかにします。

理想と現実の落差が大きすぎる銀行同盟＝目指す単一化とは逆方向のハイブリッド化への傾斜

二〇一四年三月下旬にユーロ銀行同盟構想の合意が報道されています。しかしこの構想は建前と実質の乖離が大きすぎるのです。その乖離の中身も日本ではあまり紹介されていません。特に銀行同盟構想にドイツの強い主張がとおり、本来の単一の銀行監督、単一の銀行破綻処理機構、単一の預金保険機構という銀行同盟には欠かせないはずの三本柱のいずれもハイブリッドの性格に変じている現状も日本ではほとんど取りあげられていません（図0―1の②の脚を参照）。たとえば銀行破綻処理機構の基金は汎ユーロ・レベルの共同基金と各国拠出の個別基金からなる混合の基金で始まり、本来めざすはずのユーロ共同基金にはなっていません。

このようにユーロ銀行同盟の場合、本来三位一体になるはずの銀行監督、銀行破綻処理、預金保険機構が三位一体になっていないのです。これはユーロのもともとの欠陥から派生するものです。金融危機の場合、公的資金の導入は不可欠です。しかしユーロ圏にはユーロ・レベルの財政機関は存在しません。これでは大きな金融危機が起きた場合、ユーロ・レベルの公的資金は活用できません。本書がユーロ銀行同盟構想を三位一体の神話と形容する理由がここにあります。

特に日本ではそうなのですが、破綻した銀行に公的資金を投入するのは「国民の血税」の無駄遣いであると批判する人が多いようですが、リーマン・ショックに対応して巨額に注入されたアメリカの公的資金の動向をみれば、税金の無駄遣いという批判は必ずしも妥当しません。なぜなら一般的に公的資金注入は回収を前提として実行されるからです。リーマン・ショックにおいて米国財務省やＦｅｄは米国の金融機関に大量の公的資金を注入したのですが、総体で見れば大半を回収し、しかも大きな収益を得ているのです。公的資金を受けたアメリカの金融機関は結果的には国庫に大きな利益をもたらしていたのです。

　公的資金注入の場合、将来返済のメドがある場合、注入するのが原則なのです。だからアメリカの財務省や中央銀行のＦｅｄは債務超過と判断したリーマン・ブラザーズには公的資金は注入しませんでした。他方、ＡＩＧやフレディマック、ファニーメイという住宅金融機関（国の暗黙の支持がある）に公的資金を注入し、結果的には注入した額以上のものを回収しているのです。

　このかぎりでいえば公的資金はいわば必要悪なのです。もちろん投入は返済が前提ですが、ユーロ圏の場合、ユーロ・レベルの統一的な公的資金投入に定まった取り決めはありません。各国がバラバラに投入するしかないのです。財政の余裕のあるドイツが負担せず、財政に余裕のない周縁諸国の政府が自国の銀行に公的資金を投入せざるをえなくなるとしたら、周縁諸国の財政も破綻してしまいます。これではソブリン危機と銀行危機の死の連鎖の再現でしょう。危機に対して共同で対応しないというのであれば銀行同盟の「同盟」の内実が問われてしまいます。

　さて「はじめに」の最後になりました。ここで本書のねらいをまとめておきます。本来、ユーロ銀行同盟は今後起こりうる金融危機に対して、ユーロ圏の各国がバラバラでなく汎ユーロ的な共同基金で立ち向かうはずのものですが、実際にはそうなっていない状況をわかりやすく伝え、また当初の意図に反する対応に変質せざるを得なくなる理由も解題していきます。

　より具体的にいえば、ユーロ・レベルで単一化すべき銀行同盟の銀行破綻処理基金が共同基金とならず、各国の基金のバラバラな寄せ集めになってしまう経緯を明らかにします。そのために銀行同盟に不可欠なはずの共通の預金保険機構も欠落し、銀行同盟自体の持続性も危うくなる状況もあぶりだします。

ユーロ体制では経済通貨同盟（EMU）が目ざされているはずなのに、実際には通貨だけが単一化され、経済や財政レベルの同盟は一向に進展していない。これが銀行同盟の障害になっており、そのためにドイツなどの中枢諸国と周縁諸国の間では、金融危機対策上の財政負担の共同分担の話が、宙ぶらりんになってしまっているのです。

通貨同盟だけが先走りして肝心の経済・財政同盟の実現がおきざりにされているわけですが、今回はそのつけがユーロ銀行同盟に回されてしまっているのです。

目次

目　次

目　次

目　次

目次

目　次

略記一覧

ABCP：資産を担保として発行される短期社債：Asset-backed Commercial Paper
BIS：国際決済銀行：Bank for International Settlements
EBA：欧州銀行庁：European Banking Authority
ECB：欧州中央銀行：European Central Bank（本書ではECBという場合、ユーロ参加国中央銀行とECBが一体となる組織のユーロシステムの代表としてのECBをさす。ユーロシステムから切り離した単体のECBの特長は第6章で改めて解説）
ELA：ECBでなくユーロ圏個別中央銀行による緊急の流動性支援：Emergency Liquidity Assistance
EMI：ECBの前身：European Monetary Institute
EMU：経済通貨同盟：European Monetary Union
ESCB：欧州中央銀行制度：European System of Central Banks（この組織の中にユーロシステム

（ＥＣＢ＋ユーロ圏諸国の中央銀行）がある）

ＥＳＭ：欧州安定基金：European Stabilisation Mechanism（財政困難に陥っているユーロ圏諸国へ、厳しい条件をつけながら金融支援を行う欧州諸国の共同基金）

ＥＵ：欧州連合：European Union

ＦＤＩＣ：米国連邦預金保険公社：Federal Deposit Insurance Corporation

Ｆｅｄ：米国連邦準備制度という中央銀行組織：Federal Reserve System

ＦＳＡ：英国金融監督庁：Financial Service Agency

ＦＴ：*Financial Times* 紙（日刊、ロンドン）

ＩＭＦ：国際通貨基金：International Monetary Fund

日経：日本経済新聞（日刊、東京）

ＬＴＲＯ：ＥＣＢによる期間三年の超低金利融資：Long Term Refinancing Operations

ＯＭＴ：ＥＣＢによる残存期間三年以内の既発国債の無制限購入策：Outright Monetary Transactions

ＳＭＥ：ユーロ圏の中小企業：Small and medium-sized enterprises

ＳＭＰ：ＥＣＢによるユーロ周縁諸国国債購入策：the Securities Markets programme

ＳＲＭ：ユーロ銀行同盟の三つの柱のうちの単一の破綻銀行整理機構：Single Resolution Mech-

anism
SSM：ユーロ銀行同盟の三つの柱のうちの単一の銀行監督機構：Single Supervisory Mechanism
Target 2：ターゲット2と呼ばれ、ユーロ圏の銀行間の資金移動をユーロ圏の中央銀行間で決済するシステム：Trans-European Automated Real-time Gross settlement Express Transfer System version 2
WST：*Wall Street Journal* 紙（日刊、ニューヨーク）

第1章　危険がいっぱいのユーロ銀行同盟

1　金融統合が進んでいるはずのユーロ圏で深まる金融分断化傾向

ユーロの目的は完全に統合された金融市場を創出することでした。実際、共通通貨が導入された初期の数年は通貨同盟の国家間や銀行部門間の格差は減退していました。これは特に各国間の国債利回り格差の縮小に示されます（図1―1）。しかし二〇〇七―〇八年の世界的金融危機の勃発でこの傾向は逆転し、金融資本市場は再び分断されます〈DB Monatbericht : 16〉。これは各国間の国債利回り格差の膨張（前図）やユーロ圏中核諸国が保有する周縁諸国に対する債権高の動きにも示されます（図1―2）。ドイツなどユーロ圏の中心国の銀行の周縁諸国に対するクロスボーダーの債権は二〇〇八年のクレジット・ブームが終了した以降、以前の一・六兆ユーロの半分あたりに減少しています。こうしてユーロ導入で進行していたはずの金融統合は大きく後退したのです。

これは銀行危機とソブリン危機が一体化する事態が進行したためです。銀行とソブリン国家のいず

図 1-1　ドイツ 10 年物国債とその他ユーロ圏諸国の国債との利回り格差の推移（1999-2011 年）（%）

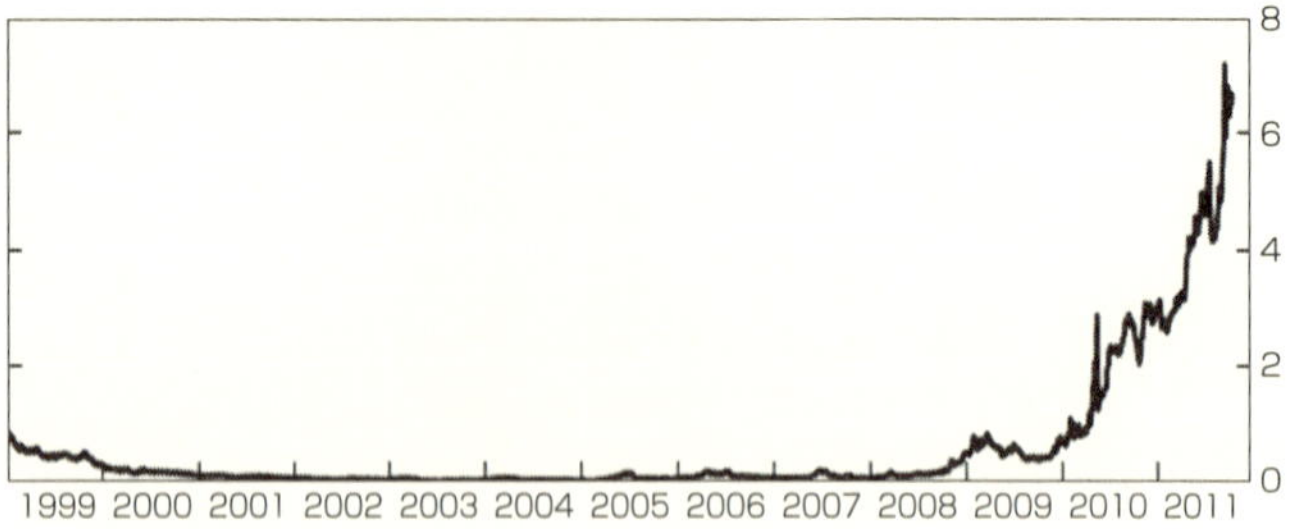

（注）その他のユーロ圏諸国（オーストリア，ベルギー，スペイン，フィンランド，フランス，ギリシャ，アイルランド，イタリア，オランダ，ポルトガル）。
（出典）Hannon, 3 より。

図 1-2　ユーロ圏中核諸国＊の周縁諸国に対する債権（1999 年 12 月～2013 年 6 月）（単位 10 億ユーロ）

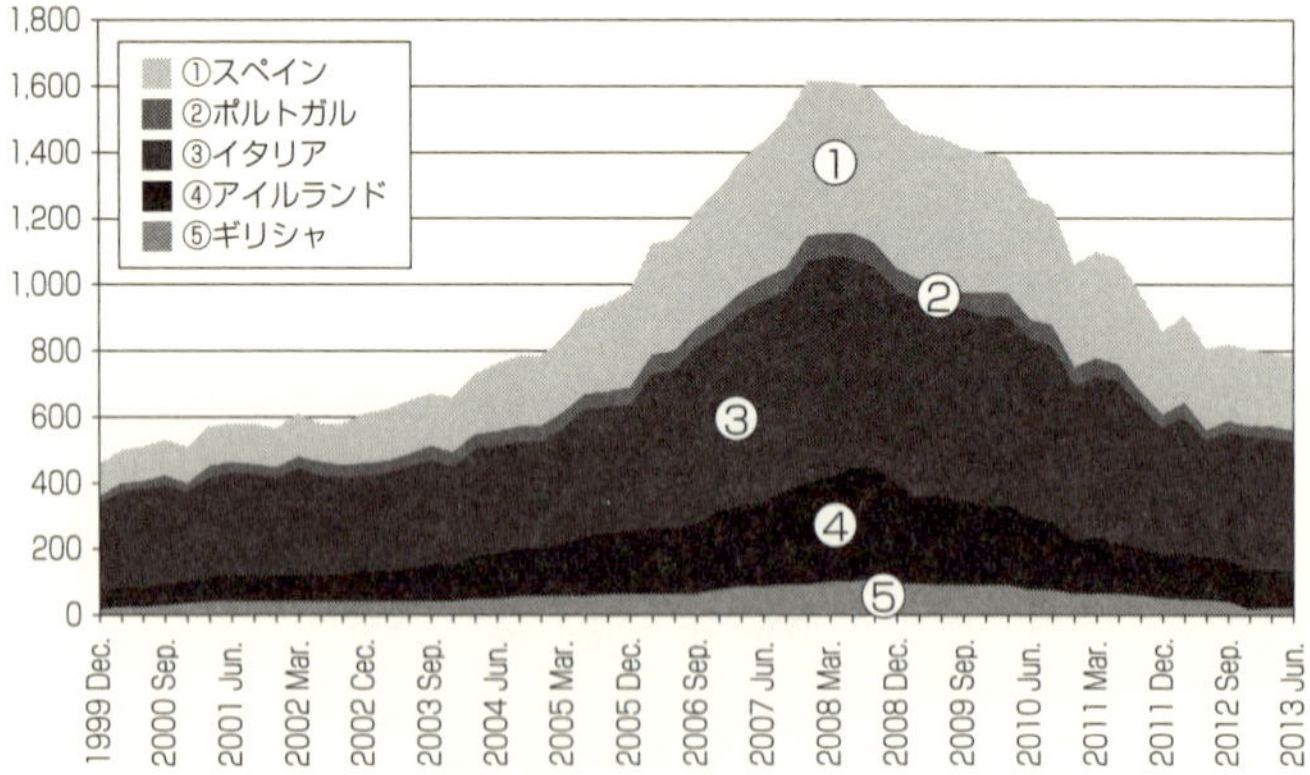

※ドイツ，オーストリア，オランダ，フランス，ベルギー。
（出典）Gros ①, 3 の図。

れも支払い不能となり破綻する危機のことです。この結果、民間資本はユーロ圏の南から北へと逃避し、ユーロ金融市場は中枢と周縁に分断されます。この金融分断化の現象はユーロ瓦解の引き金になりかねなかったのです。

2 リーマン・ショック並みの危機に匹敵する二〇一二年夏のユーロ瓦解危機

実際、そのような事態が二〇一二年夏に起きました。ユーロ瓦解を怖れる資金は同じユーロでも南の国のユーロから北の国のユーロに逃避したのです。投資家は周縁諸国で発行された国債や銀行債が共通通貨で償還・返済されなくなる不安を高めます。返済されるとしてもユーロから離脱し減価した通貨を受け取るしかないというリスクです。ユーロ逃避に走る銀行の典型が連合王国（英国）の銀行の行動です。イングランド銀行の金融政策委員会は二〇一二年六月、連合王国の銀行にユーロ圏へのエクスポージャーを縮小するよう勧告しています。ユーロ崩壊の事態に備えるためです。この結果、一一〇〇億ポンドものエクスポージャーが減少し、二〇一三年第1四半期に連合王国のユーロ圏周縁諸国に対するエクスポージャーは約一四〇〇億ポンドになります（中核資本の六二%に相当）〈BoE, Nov. 2013 : 14〉。図1-3のとおり、銀行界は二〇一二年夏にユーロ圏から周縁諸国が離脱する予想を強めていたのです〈米倉、二〇一三②：一二三〜一二七〉。

まさに共通通貨の瓦解を回避するための資本逃避です。リーマン・ショック並みの危機です。実

図 1-3　ユーロ圏のメンバーのユーロ離脱の予想度とユーロ圏各国の国債利回り格差（対ドイツ 10 年国債で左目盛り：ベーシス・ポイント）の動き（2011 年第４四半期～ 2013 年第３四半期）

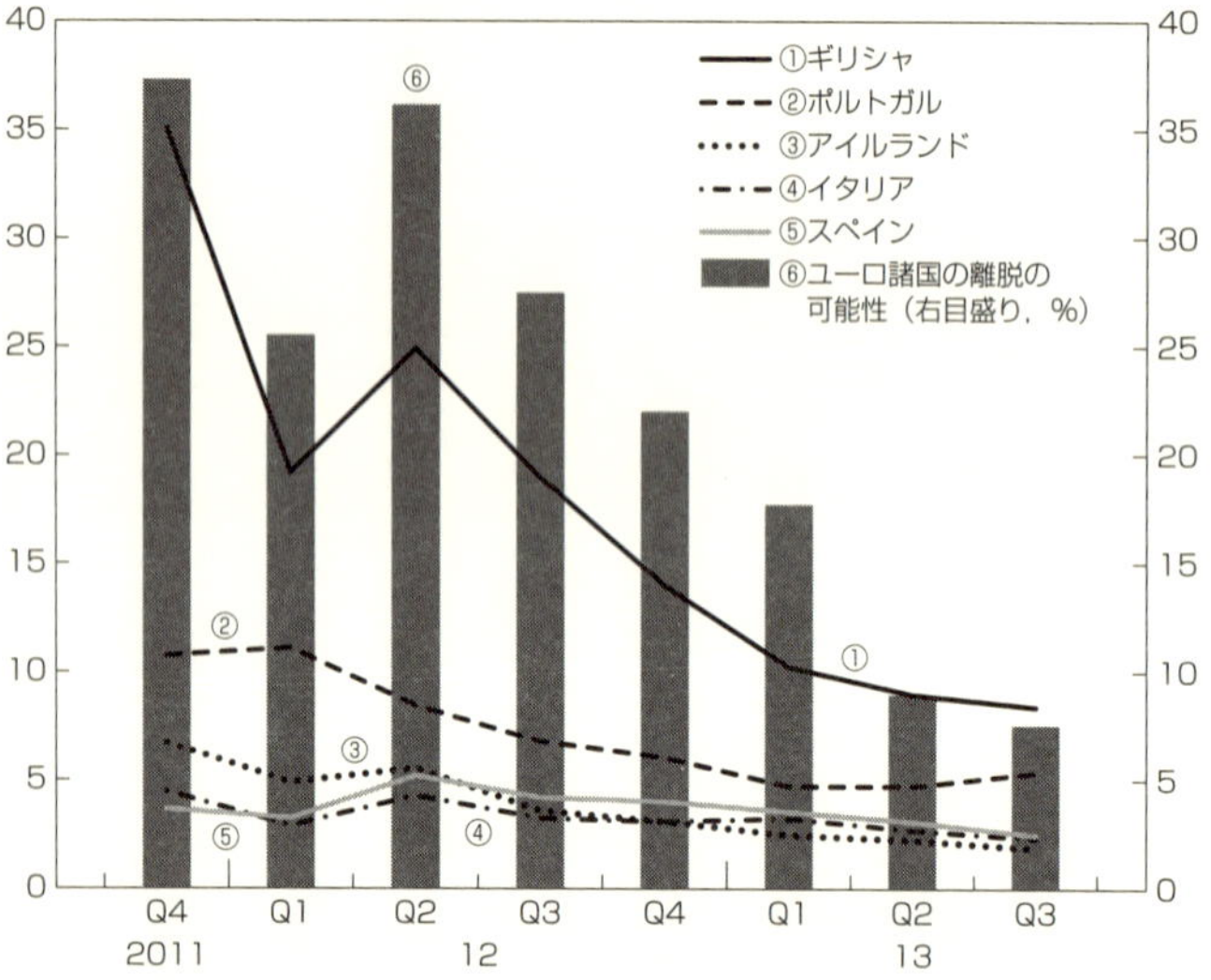

（出典）BoE・FSR, November 2013, 8, chart 1.12 より。離脱の可能性：連合王国の銀行首脳による今後 12 カ月の間の離脱予想平均率。

際、ECB首脳も次のようにふり返っています（ECBプレ理事）。この二〇一二年夏の状況に関し、「最近数年、我々は危険な悪循環の淵に三度も立たされていた。まず第一に米国の投資銀行のリーマンが破綻した後のことであり、次に期間三年のLTROを導入する直前である。そして二〇一二年夏、OMT計画を発表した時である」（二〇一三年七月八日）と回想しています。このLTROとOMTについては第4章のところで改めて論じることにします。

　だから二〇一二年七月二六日ロンドンで発せられたドラギの有名な声明（「ECBは自身の権限内で、ユーロを保持するためには何でもやる用意がある」）はこの共通通貨瓦解のリスク発生の脈絡で理解すべきことなのです。なぜなら、その時、ドラギはソブリン債務デフォルト・リスクとは別のリスクプレミアム、すなわち通貨の交換性危機（the risk of convertibility）のプレミアム（currency redomination risk の別称）に言及したのです。ユーロが瓦解し複数の弱小通貨に転落するリスクのことです〈米倉：二〇一三、二三〉。この声明に呼応して導入された国債無制限購入策（OMT：残存期間三年以内の既発国債購入）が、図1―3のとおり、ユーロ瓦解というテール・リスクを緩和させました〈IMF, GFSR, Oct. 2013：117：BIS ①：68〉。なお、このドラギ・マジックの演出効果については第4章で改めて論じます。

以上がユーロ銀行同盟構想が浮上する背景です。銀行救済のために税金が投入されて国家財政が破綻したアイルランドやスペインが典型のとおり、銀行危機が国家債務危機を引き起こし、これが転じて銀行危機を深化させた。だから、金融上の死の連鎖を切断しなければユーロの存立自体が危なくなる。そして、この負の連鎖を断ち切るべく構想されたのが銀行同盟なのです〈DB Monatbericht：16〉。

３　銀行危機とソブリン危機の負の連鎖の一例：：スペインの場合

ここでは銀行危機とソブリン危機の負の連鎖の一例としてスペインを紹介しておきます。二〇〇〇年半ばに建築ブームに乗り、スペインの銀行貸出は膨張します。スペインは二〇〇一〜〇七年の住宅ブームの最中に、ＥＵの新築の家のほとんど三分の一を占めたのです。二〇〇六年のスペイン経済は三・九％の成長であり、ＥＵ平均の二・七％を上回っています。スペインの不良債権問題の中心は、放漫な不動産融資に傾注していた地方の中小貯蓄銀行カハ（Caja de ahorro）にあります。この共同組織は資金調達を預金者や企業会員に依存しており、資金調達に柔軟性を欠いていました。スペインで主要な金融を担うのは中小の貯蓄銀行のカハであり、一時は融資残高全体の半分を占めていたこともあるくらいです。スペインのバブルの中心はカハにあったのです。

この結果、四五行存在していたカハは二〇一二年三月までには七つのグループへ再編されます。総額九七億ユーロの公的資金が注入され、八つの中小機関は国有化されました。しかしカハの不安は収まらず、スペイン首相ラホイは二〇一二年五月九日、「政府は銀行システム全体の安定を保証する」ため、バンキア（二〇一〇年一月、七つのカハが合併して誕生）の預金保証宣言を発し、資産規模で業界最大手の同行を国有化します（バンキアの株式四五％を国が保有）〈井上：三〉、『Financial Times』二〇一二年五月二〇日、『日本経済新聞』二〇一二年五月一二日）。

欧州委員会は二〇一二年七月、スペインの銀行部門向けに最大一〇〇〇億ユーロを資金支援する準備のあることを表明しました。これに対応し、スペイン政府は二〇一二年一二月に第一弾として約三九五億ユーロの資金支援を正式に要請しました。スペインは欧州安定基金（ＥＳＭ）を通じ銀行部門に公的資金を注入するのです（『日経』二〇一二年一一月二九日、一二月四日）。

一国の公的資金でなくユーロ圏の共同基金がスペインの銀行破綻処理に投入されたわけです。とすれば、破綻した銀行整理の方法もスペイン一国でなくユーロ共同（しかし公的資金を使わないのが今後の基本である点に注意）になります。スペインの銀行危機が銀行同盟設立の大きな契機になったのです。

ただ注意すべきはこのＥＳＭから直接にスペインの銀行へ資本注入されたわけでないという点です。実際にはスペイン政府がＥＳＭから資金支援を受け、この資金を問題の金融機関へ資本注入に使用するのであり、ＥＳＭから資金支援を受けた分、スペイン政府の総債務残高は増加するだけです〈天野：七〉。したがってこれは厳密な意味ではソブリン危機と銀行危機の連鎖を断ち切る直接の効果はありません。ＥＳＭから支援を受けた分だけスペイン政府の債務が増加するわけですから、ソブリン危機対策の面ではマイナスでしょう。ＥＳＭというユーロ共同資金が直接に民間の銀行へ資本注入されて初めてスペインのソブリン債務危機の緩和になるのです。

4　従来の金融政策に加え銀行監督も担うことになるECBへの期待

スペインの先例があるので、来たる銀行同盟の柱となる銀行監督は従来の欧州銀行庁（EBA）や一国の機関に任せるのでなく、ECBに委ねることになります（二〇一三年九月に欧州議会は単一監督機関を承認）。銀行の監督、破綻処理は一国レベルからユーロ・レベルへと体制が大きく変化したのです。ECB首脳はユーロ導入以来、銀行同盟の設立計画が最も重要になる統合促進であるとみています（メルシュ理事：二〇一三年九月二六日、ドラギ総裁：二〇一三年一〇月一〇日）。

一見すると、単一の銀行監督機関となるECBは一国レベルの監視機関よりも優位性があります。これまでは一国レベルにとどまっていた金融監督機関による銀行への資産査定（ストレステスト）の信頼性は低かったのです。銀行監督を各国レベルにまかせておくと、自国経済の混乱の影響から、あるいは国内の政治的圧力により、破綻処理に踏み切る判断が遅れてしまう。また銀行のバランスシートの透明性にも問題が残り、損失処理や破綻した金融機関の整理に対する一貫した厳格な手法もなかった。欧州のたいていの国は自国の銀行の整理を回避しようとする傾向があり、債務支払猶予や経済回復のために時間稼ぎする傾向が強い。ECBはこのようなことがないよう監督者として重要な役割をはたすわけです（メルシュ理事：二〇一三年九月二六日、『FT』二〇一三年一〇月二四日、一一月一八日）。

さらに単一の銀行監督機関と単一の銀行破綻処理機構を設立すれば、金融支援と銀行監督の責務は一国レベルからユーロ・レベルへ移り、金融市場の分断を緩和し預金逃避を抑えられる。また銀行監督をユーロ・レベルに一元化すれば、ユーロ各国政府が拠出してできた基金ＥＳＭも各国政府を経由せずに問題国の金融機関へ直接資本注入できるようになる。

そうすればソブリン危機と銀行危機の負の連鎖は弱まる。ソブリンと銀行の借り入れコストが連動的に上昇し国家財政と銀行の同時的破綻を引き起こす異常な事態は回避されるというわけです。しかも単一の監督機関は一国バラバラの監督の場合よりも、金融システムの安定を損なう持続不可能なリスクの集積（アイルランドやスペインの例）を迅速に把握できる。リスクが膨らみすぎる前に資本を増強させたり、過大なリスク集中を制限するなど、時宜に適う効果的な介入ができるというわけです〈IMF, Staff Discussion Note, 2013 : 4, 6, 8, 12〉。

5　一国レベルの金融監督をユーロ・レベルに高める銀行同盟構想

ＥＣＢ理事メルシュは過去のユーロ圏の金融監視体制をつぎのように反省しています（二〇一三年二月二七日）。ユーロ・レベルでなく個別国家次元の枠組みにとどまっていた規制、監視はクロスボーダーの金融の相互依存と浸透可能性を察知できず、これには手をつけられないままだった。国家をまたがる監視機関もなく、国境をまたいで進行する危機を察知したり防いだりする術もなかった。

監督権限は一国レベルにとどまり、ユーロ圏全体に積み上がったシステミック・リスクを探知できなかった。ところが欧州の金融統合や金融危機はユーロ各国レベルにとどまる欧州の監視に及ばない規模で進展していた。これにより金融安定は知らぬ間に犠牲にされていたというのです。

これは欧州連合EUが目指す経済通貨同盟（EMU）の問題でもあります。EMUのもとでは金融政策は単一化していたのに対し、金融安定を維持するための銀行監視権限は各国レベルにとどまっていたのです。だからメルシュ理事は監視権限を単一の超国家レベルに移さなければ、現在も頻出している金融の分断化現象は解消できない、ソブリン債務危機と銀行危機の連鎖を切断することもできない。この結果、ユーロ圏内諸国間のクロスボーダー的な金融取引の相互依存と浸透可能性が深化した中で起きた連鎖的危機に対応できなかったというのです。

ユーロ圏で銀行監督が一国レベルにとどまっている間にも、クロスボーダー化はどんどん進展したわけです。世界の先進諸国の金融システムはGDPに比べて増大しており、国境を越えてより相互性を強めています。金融機関の総資産のGDP比は米国で約八〇％、日本で約一七〇％ですが、EUをベースとするグローバル上重要な金融機関（一五金融グループ）の総資産はEU二七カ国で一六三％に及びます（二〇一一年）。またこの一五社のグループがEU金融セクター全体に占める比率は四四％です。つまり少数の金融グループが大きなウェイトを占めているわけです。欧州の金融セクターは各国や欧州全体の経済規模と比べても規模が大きく、集中度も高い。するとこれらが危機に陥るときの影響も大きくなるはずです〈鈴木：四七〉〈天野：一二〉。ところが銀行監督は一国レベルにとどまっていた。だからグローバルな金融危機への対応が不十分になるのもある意味で当然でしょう。

したがって汎ユーロ的な金融市場と汎ユーロ的な中央銀行が汎ユーロ的な銀行システムを求めることが不可欠であり、ユーロ・レベルでの金融的安定を確保するためには統合された金融枠組みを築き上げるべきである。そのためには、現在、一国レベルの枠にとどまっている銀行規則をユーロ・レベルに統一化すること、次に、共通の規制、監督、預金保険と銀行の破綻処理・整理当局のもとに責務を集権化すること。これが銀行同盟に課せられた役割となるというのです。この銀行同盟には単一の監視機関（SSM）と単一の破綻整理機関（SRM）が備わることとなります。

これによりECBの体制も大きく変化します（図1－4）。SSMが二〇一四年秋より開始されるのに伴い、銀行監督の機能がECBに移行する。その場合、金融政策を担うECBは銀行監督も担うことになるが、後者の役割が前者の金融政策を阻害しないよう、ECB内部で両者はしっかりと分離されます。いわゆるファイア・ウォール（防護壁）がしかれるわけです。

しかもこの銀行同盟では銀行危機とソブリンリスクの連鎖の切断が期待されています。ベイルイン方式だからです。この方式では、銀行が破綻した時、最初に負担を強いられるのは国家や納税者でなく、株主、債権者、大口預金者、小口預金者の順になる（その詳細は『Wall Street Journal』

図 1-4　ユーロ銀行同盟導入によるユーロ金融危機対策の体制の変化

	ユーロ銀行同盟導入以前の体制	⇒	ユーロ銀行同盟導入以降の体制
ECB	●金融政策＝物価安定が責務 ●金融安定の責務は主に各国政府 ●銀行監督は各国中央銀行，政府機関まかせ	⇒	●金融政策＝物価安定の一環としてECBは銀行監督も担う ●物価安定の観点から金融安定の責務を政府と共有
銀行監督	●一国の中央銀行や政府監督機関 ●ECBは関与せず	⇒	●ユーロ圏全体の統一監督 ●ECBに権限が集中する（金融政策とは分離） ●しかし各国監督機関の権限も保持
銀行破綻処理方法	●一国の政府 ●ベイルアウト方式が基調 →税金が投入されやすい ●故にソブリン危機と銀行危機の複合	⇒	●ユーロ圏全体の統一処理方式 ●ベイルイン方式が基調 →税金の投入は最小限 ●ベイルイン方式の穴をうめる公的資金活用も共同基金でなく各国の個別対応になる可能性が大きい ●故にソブリン危機と銀行危機の複合は払拭されない

二〇一三年一二月一三日)。このベイルイン方式の場合、民間投資家が損失を引き受けるまで国家は介入できません。銀行は株主、投資家の損失を決定した後、破綻銀行を整理する基金SRMのようなもので資本再注入される。この基金は銀行に対する課金からできており、したがって公的資金で銀行を救済するという話ではない。ダメになっている銀行の株主、債権者に損失を引き受けさせ、次に銀行部門の拠出金で成り立つ整理基金(救済基金ともいう)も動員しながら破綻銀行を秩序だって整理する話である。だから銀行を救済しようとする国家が破綻することもない。その国債が暴落し、これを主要資産とする銀行が危なくなるソブリン・銀行危機の連鎖も断ち切れるというわけです。

　もし銀行の課金から成る整理基金が資本注入するのに十分でない場合は、一時的に公的資金を必要とするかもしれません。その時には、公的資金を注入され整理された銀行から資産を引き取るブリッジバンクに移転された債権を後に民間部門に売れば、この代金で公的資金を回収できる。この点は米国の例がある。財務省が保証するクレジットラインが動員され、後に返済する方式です。だから結果的に公的資本は回収されるので、公的資金の投入にはならないというわけです。また既存のESMも活用できるのでその分、公的資金の追加は不要になるというわけです。

そしてESMの資本注入が必要になるのは、株主、債権者が損失を引き受けた後のことです。しかも国によっては銀行のベイルイン負担の後、銀行債務をベイルアウトするために自国の整理基金を使うことができる。しかし逆に財政的に余裕のない国は、銀行へのきびしい査定に基づいて発生した、あるいは予期される銀行の損失をすべて引き受けようとしても、財政がもたない場合もあるでしょう。その時に初めてESMから資本注入される。だからESMの損失の見込みも限定的になるというわけです。こうしてSRM方式により銀行の整理破綻方式が単一になれば、国家は破綻する銀行に介入する必要性が少なくなり、金融市場に不安を起こすことなく秩序だって破綻銀行を整理できるというわけです（コンスタンティオ副総裁：二〇一三年一月三一日、アスムセン理事：六月一四日、メルシュ理事：二〇一三年八月二九日）。

こうしてみると実によくできた銀行同盟構想のようです。しかし実際はそうでありません。本書が銀行同盟を長さのちがう三脚テーブルにたとえる理由です（図0－1）。大きなもの（大規模の金融危機）を載せただけでテーブルがひっくり返ります。なぜなら、危機の拡大の歯止めとなるＥＳＭなどユーロ・レベルの公的資金の活用にユーロの盟主ドイツが反対しているからです。また破綻処理基金の規模も実際に起こりえる大きな金融危機に対処するにはあまりにも小さすぎるのです。

６　ＥＣＢによる銀行監督の方法と対象の限界

いずれにしろユーロ圏の単一の銀行監督（ＳＳＭ）が推進されるわけです。このＳＳＭには共通基準が使用されます。①リスク管理。これは資金調達、流動性リスクのリスク要因を見つけることです。②バランスシート査定。これには共通の尺度があてはめられ、外部の専門家も加わる。③ストレス・テスト（金融危機に対する銀行の耐性テスト）。これは金融機関が悪い状況になった時の耐久性をはかるものです。この①、②、③の手続により、銀行の中に資本不足が判明したら、この不足を埋める必要があります。ところがユーロ圏の場合、資産の評価は資産の種類によって各国マチマチなのです。バランスシート査定とストレステストの連携やその詳細も煮詰まっていません（メルシュ理事：二〇一三年九月二六日）。

しかもユーロ圏の銀行の数から見ても、ＥＣＢはユーロ圏全体を統一的に銀行監督できません。実際にＥＣＢが直接監視する銀行は一二八になります。ＥＣＢが直接監督する各国の銀行は資産が三〇〇億ユーロ以上、また名目ＧＤＰの二〇％を越える資産が五〇億ユーロ以上の機関、あるいは各国で最低三つの大きな銀行となります。この一二八の銀行はユーロ圏のＧＤＰの二五〇％に相当する資産を保有しています。

しかしそれらの資本は資産価値二五兆ユーロの四％にすぎず、ユーロ圏の銀行における非常に高いレバリッジの慢性的な過小資本の状況に変わりはありません。いわばユーロの銀行は骨皮筋衛門のような体質だったのです。したがって資産査定で資本不足が明らかになり、資本注入が必要になる場合、ＥＣＢの一元的監督機能が損なわれる可能性もあります。なぜなら、そのような事態を回避するため、各国の監督当局がＥＣＢを押しのけて問題を処理しようとしたり、そもそものような取り組み自体を回避しようとする動きも予想されるからです〈Gros ②：1-2, 6：ECB, FSR, November 2013：60〉。

たとえば、二〇一三年一一月二二日のロイター報道によれば、フランス銀行総裁ノワイエは銀行破綻処理を欧州各国に任せてしまえば、その処理方法について単一の銀行監督当局との間に見解の相違が起こりかねないと警告しています。「経営難に陥った銀行の処理方法をめぐり各国当局と欧州の監督当局の関係が緊張状態に陥る可能性がある」といったくらいです。それはともかくも、ＥＣＢが単一の監督機関になるわけですが、実際に単一監督機構が始動する前に、直接監督することになる銀行のバランスシートを評価しておくことになっています。これには資産の質評価を含みますが、ＥＣＢはこの査定を各国監督機関と共同して行い、必要な場合、外部の専門家にも依頼します。

図 1-5　ユーロシステムと各国政府の資本関係

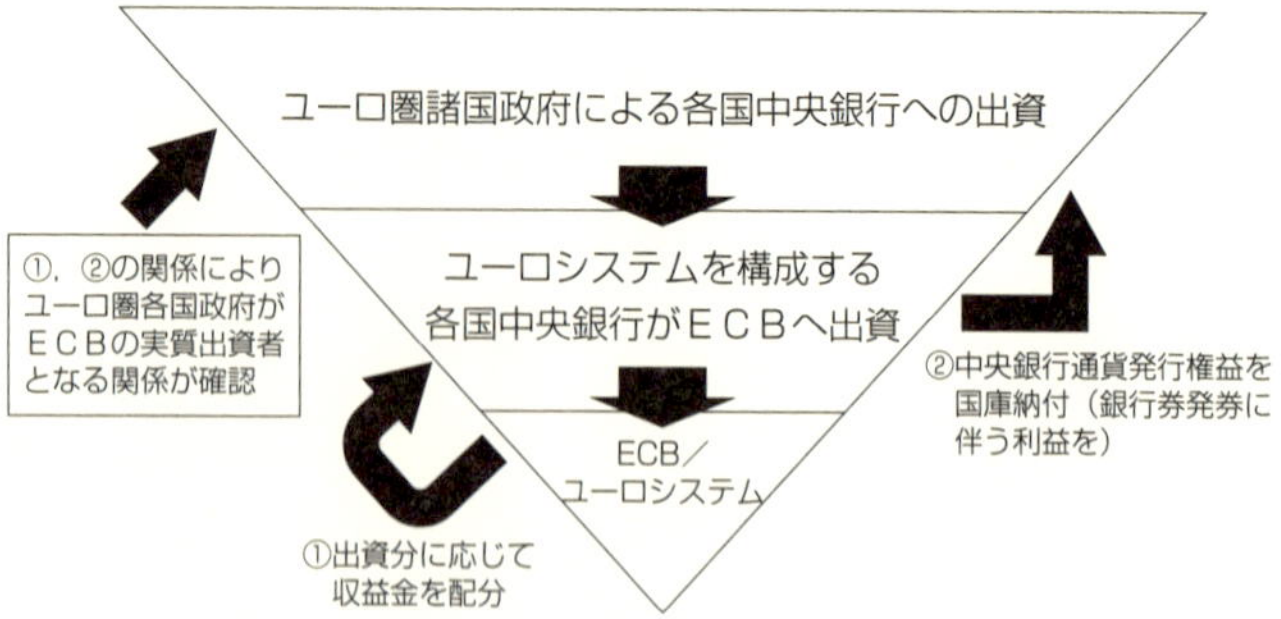

そして資本不足が判明すれば銀行は自身で資本を調達しなければならない。また欧州委員会による承認のもと、銀行に対する公的歯止め（公的資金）で残りの資本不足すべてを埋めることになる。そのような歯止めは一国レベルで供給されます。しかし最後の手段としてユーロ・レベルの歯止めも用意されるそうです（クーレ理事：二〇一三年七月一一日）。

とはいってもこれはあくまでも予定の話です。銀行同盟の最終案が固まった二〇一四年三月二〇日でもその点は不明なのです。民間の負担では足りない場合にそれをうめる資本を注入するのは中央銀行でなく財務省や国家機関のはずですが、一体この不足をどの政府やどんな政府機関が埋め合わせるのか、あるいはその方式は一国レベルなのか、それともユーロ・レベルなのか、そのような肝心な点は不明なのです。せいぜい今後の協議に託されているだけです。資本不足をどの機関が埋めるのか不明なのです。また単一銀行監督を担うＥＣＢが政治的干渉から完全に自由になれるのでしょうか？

たとえば政府と中央銀行の資本関係を想起してみてください（図

１―５）。ＥＣＢとともにユーロシステムを構成するユーロ圏各国中央銀行の多くは資本関係をつうじ当該国政府の指揮権下にあります。ユーロ圏各国中央銀行の最大株主は各国国家であるという動かしがたい事実があります。中央銀行の独立性とは政府の経済政策を扶助する枠内での金融政策における独立性の保証にすぎないのです〈米倉、二〇一三①：八七～九四、一〇〇～一〇三〉。いずれにしろ問題は資本不足の判明する銀行がはたして市場で自立的に資本増強をできるかどうか？　これにかかっています。この点、ＥＣＢの単一監督委員会議長となるヌイは、「いくつかの銀行には見込みがないことを受け入れるべきである」と語っています（ＦＴ会見：二〇一四年二月一〇日）。しかしこの場合、「見込みがない」銀行の判別には最大限の注意が必要です。なぜなら本当に「見込みがない」銀行と、厳しい経営状況であっても「見込み」のある銀行には大きな違いがあります。後者の場合には再生が可能なのです。だからこの後者の銀行が民間資金で資本増強ができない状態の時でも、公的資金という財政的後ろ盾による資本注入という駆け込み寺を用意しておかないと、再生可能な金融機関までつぶれてしまい、金融危機はますます激化してしまいます。

その典型例が二〇〇八年秋のリーマン・ショック後の米国の金融市場でした。公的資金の投入において再生可能な金融機関とそうでない機関が峻別され、公的資金を受けながら再生、回復した金融機関が多かったのです。ところがユーロ銀行同盟構想ではこの財政的後ろ盾の所在が不明です。筆者がユーロ銀行同盟をトイレのないマンションのようなものであると諧謔を弄する理由もここにあります。

７　銀行に資本注入するのはＥＣＢでなくユーロ政府の仕事のはず

金融危機の際の公的資金投入の場合、中央銀行と財務省の責務はハッキリ区分されています。中央銀行は金融安定の目的のために金融機関へ流動性を供給します。流動性は欠如しているが、支払い能力のある金融機関に流動性を供給するのです。しかし、これを越えるもの、たとえば支払い不能になっている銀行へ資本を注入するようなことは財務省の仕事なのです。この場合、中央銀行は財務省の代理機関、すなわち専門的な補佐としてとしてのみ関与します。中央銀行は自身のバランスシートをリスクにさらすべきでなく〈Buiter, 2009〉、そのリスクは財務省が負うことが暗黙の合意なのです。中央銀行の主な株主は財務省なのです。

こうしてみると金融危機の際には中央銀行の業務の独立性は実質ないといっても過言でないでしょう。金融政策は国家、すなわち主権国家の財政―金融―通貨政策の一部にすぎない。ビイター（Buiter）に言わせれば、根本的には、独立した中央銀行のようなものはないそうです。

中央銀行がうまくやるためには、実効性のある財政当局に支えられる必要がある。この関係からいえば、中央銀行は必然的に下位のパートナーとなる〈Buiter, 2004：1〉。財務省は中央銀行のバランスシートに資本を注入する用意がある。だから中央銀行の独立と言う場合、それが何を意味しようとも、中央銀行は財務省に金融的に全面依存しているという状況の枠内の話にすぎないのです〈Buiter, 2004：1, 45〉。金融危機の時には中央銀行と金融規制当局の連繫の必要性があるのです〈Buiter, 1999：204〉。中央銀行の債務を支えるのは、中央銀行自身の資本ではない。それは国家の強度であり、調整能力であるというわけです〈Steiger：22〉。

したがって公的資金を注入する場合、発言力はＥＣＢや各国中央銀行よりもユーロ各国財務省にあるわけです。カネを出すものに発言力があるわけです（図１―５）。この点でもＥＣＢによる一元的銀行監督には限界があります。しかもカネを出す政府が決まっていないのです。これは致命的なことです。ユーロ銀行同盟の場合、金融危機が高まり銀行破綻処理がＳＲＭの基金では対応できなくなる場合にも、それを補完するユーロ・レベルの公的資金という後ろ盾の活用の手順が定まっていないのです。

第2章　穴だらけのユーロ銀行同盟
……脚のそろわない三脚テーブルが銀行同盟

1　銀行同盟はトイレのないマンションにたとえられる
……銀行破綻処理のための十分な資金は銀行同盟には備わっていない

実際、ＥＣＢは大きな問題に直面します。ストレステストの結果が出る二〇一四年一〇月と単一破綻処理機関が開始する二〇一五年一月の三カ月の間に銀行の資本不足が判明した場合、誰がその資本不足を埋めるかという問題です。しかも二〇一六年一月から始まるベイルイン（当初の二〇一八年から繰り上げ）と二〇一五年一月に開始する破綻処理方式には一年のギャップがあります（図２－１）。その間、銀行破綻処理は一国レベルの解決にとどまります。もしその間にリーマン・ショック並みの金融危機が起こると破綻処理は一国レベルではすまなくなるはずです。また、銀行同盟の柱をなす単一銀行破綻整理機構にある銀行整理基金五五〇億ユーロも八年間は使用に制限があります。たとえば、ドイツの銀行が拠出した課金はイタリアの銀行の整理に使用できません。実際に使えるのは八年たった後のことです。課金の対象となるのは預金保険のついた預金の一％です。

五五〇億ユーロの規模の基金は二〇一六年～二〇二四年の間に銀行への課金で積立あげられる予定です。この基金は五五〇億ユーロを八年かけて積み立てるわけです。しかもこれは欧州の銀行の資産総額の〇・二％にすぎません。そしてこれらの銀行の大半は三〇〇億ユーロの資産をもっています。ギリシャ危機の処理に四〇〇億ユーロかかり、アイルランドに金融危機が起きた時、Anglo Irish 一行だけでも二〇〇億ユーロのコストがかかっています。ところがこのように莫大な資産を抱えている銀行組織が突然崩壊するシステミック・リスクに対応する銀行整理基金の規模は最大で五五〇億ユーロにすぎないのです。しかもその目標額に達するには何と八年もかかる（当初は一〇年の予定だった）。それまでにこの整理基金の規模では対応できない大型の銀行危機が起きたら一体どうなるのでしょう？　数行破綻するだけで欧州の全体の整理基金は一発で消滅するでしょう（『FT』二〇一三年一二月一六日、二〇日、『WSJ』二〇一三年一二月一〇日）。

ではこの穴を埋める手順が整っているのでしょうか？　それも不明なのです。すでにみたとおり、実際に単一銀行整理基金が始動するまでの期間が長すぎます（図2－1）。整理基金が想定額に達するまでの八年間に起こりえる金融危機において生じる資金不足をどのように補うのかという問題も合

図 2-1　銀行同盟始動前後の銀行破綻処理の手続き

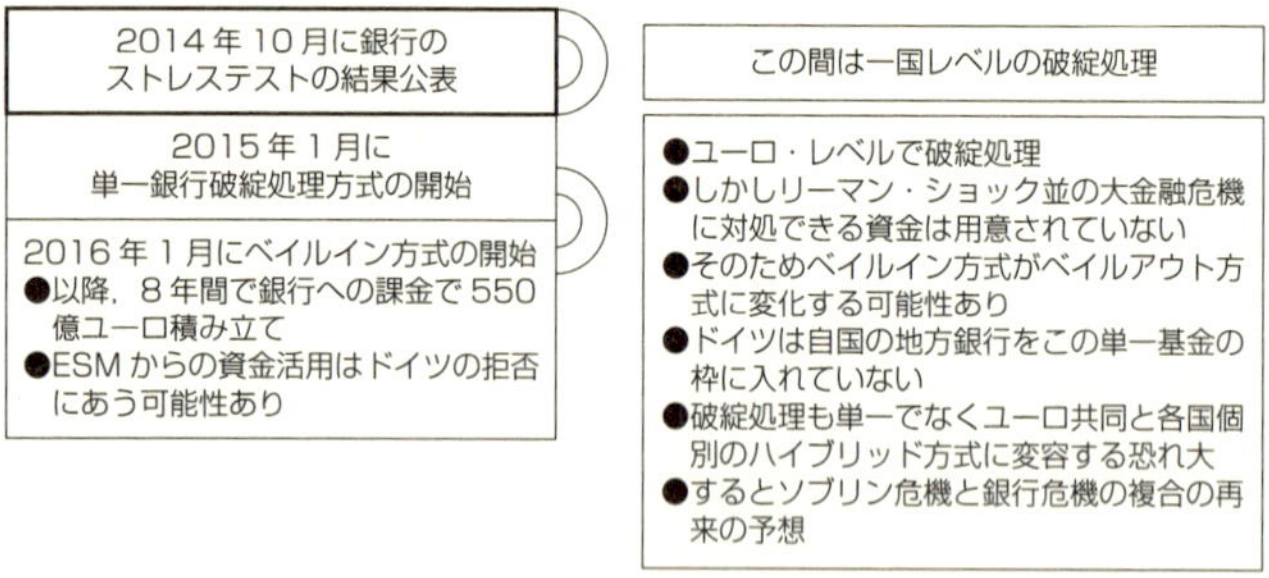
2014 年 10 月に銀行の
ストレステストの結果公表
2015 年 1 月に
単一銀行破綻処理方式の開始
2016 年 1 月にベイルイン方式の開始
●以降，8 年間で銀行への課金で 550 億ユーロ積み立て
●ESM からの資金活用はドイツの拒否にあう可能性あり
この間は一国レベルの破綻処理
●ユーロ・レベルで破綻処理
●しかしリーマン・ショック並の大金融危機に対処できる資金は用意されていない
●そのためベイルイン方式がベイルアウト方式に変化する可能性あり
●ドイツは自国の地方銀行をこの単一基金の枠に入れていない
●破綻処理も単一でなくユーロ共同と各国個別のハイブリッド方式に変容する恐れ大
●するとソブリン危機と銀行危機の複合の再来の予想

意に至っていません。フランスや南欧諸国はＥＳＭが整理基金に融資する案を支持していましたが、ドイツは反対の立場を崩していません。公的資金を投入しないで破綻銀行を整理させるベイルイン方式の立場だからです。

アイルランドのヌーナン財務相はロイターのインタビューで、欧州救済基金による補完があって初めて銀行整理基金は問題に対処できる十分な規模になるとの見方を示しています。たしかに正論です。しかし、かつてＥＵ、ＩＭＦ、ＥＣＢのトロイカから国際金融支援を受けたアイルランドが積極的に欧州救済基金に拠出できるのでしょうか？　財政的に一番余裕のあるドイツが出し惜しみをしている中、それは考えにくいでしょう。『ＦＴ』紙はそれを痛烈に皮肉っています。ユーロの首脳は、問題をみて、難しすぎて解決できないと考えると次に別のことに取りかかり、勝利を宣言するというのです（『ＦＴ』二〇一三年一二月一七、二〇日、『ロイター通信』二〇一三年一二月一四日）。

現在進められている銀行のストレステストの結果、株主、債権者の負担では間に合わないほど損失が膨らんでいても、その穴を埋める手だても整っていない。ストレステストの検査結果が明らかになっても、欧州には銀行を整理する共通のシステムもなく、共通の整理基金もないし、また、不良資産の受け皿となる共通のバッドバンクもない。

したがって銀行の投資家がコストを負担できない時は、各国当局バラバラのつぎはぎだらけの資金に頼るしかありません。ソブリン危機が起きたユーロ周縁国の銀行がこのような状況に陥れば、それを補填するのは周縁国政府になるのです。これではソブリン危機と銀行危機の負の連鎖の再現でしょう。この点、米国財務長官も、共同基金の「それは規模の大きさが足りない。十分に速いとも思わない」（『FT』二〇一四年一月一七日）と語っています。

銀行同盟が始動する以前に、このように民間の銀行が資本不足を埋められない事態が起これば、その穴埋めには問題銀行が所在する国の財政が動員され、財政上弱い政府はますますダメになります。これでは一体、ソブリンと銀行の問題の連携を断つことになるのでしょうか？　アイルランドやスペインのように政府の財政が銀行危機で破綻してしまう例が続出します。しかも実際にESMに頼る場合、国が借りたことになり、国家財政の負担になります。ドイツ蔵相ショイブレは以前に、ESMという五〇〇〇億ユーロのユーロ圏救済基金からは一銭も銀行の整理には直接使われないと発言していたくらいです。仮にESMに頼るとしても、国家は屈辱的な措置を受け入れざるをえない（『FT』二〇一三年一二月二〇日）。援助と引き換えにソブリン主権を放棄させられるのです。実際、二〇一二年九月にＯＭＴが発表されてもＥＣＢは一ユーロも周縁諸国の国債を流通市場から買っていません。ＯＭＴに応じる周縁国の場合、ＥＳＭの厳しい条件がつきつけられるからです〈米倉、二〇一三：二七〉。

2　パラシュートなしのスカイ・ダイビングがユーロ単一銀行破綻処理基金

他にも問題はいっぱいあります。これまでもっぱら金融政策を担当してきたＥＣＢには銀行監督の経験はありません。ＥＣＢには少々の内部のスタッフや各国当局の若い補佐しかいません。このため、この検査をスタートする時に民間コンサルタントや各国当局に頼らざるを得ない。また銀行同盟が始動するまでは、銀行監督はＥＣＢでなく各国の特権に守られたままなのです。

さらに言えば、民間に検査を任せることが万全かどうかも怪しいでしょう。アイルランドの銀行のベイルアウトにおける過小評価の件を紹介しておきます。米国の投資銀行のメリルリンチは同国の銀行の資本注入は最高で一六四億ユーロですむと二〇〇八年一一月に推定しましたが、実際にベイルアウトに要した額はその四倍だったのです。メリルリンチはこの仕事で七三〇万ユーロの助言料を受け取っています（『ＦＴ』二〇一四年三月二一日）。

当然のことながら、投資家や銀行首脳は、銀行の資産査定結果が出た後の処理の手順が不明なことに不安を抱きます。評価の結果から判明する資本不足の推定額次第では大変なことになる。まるでパラシュートなしのスカイ・ダイビングです。

ストレステストに関し、ゴールドマンサックスの推定では一一の銀行が失敗し、七五〇億ユーロの資本が必要とのことであり、イタリア、スペイン、ドイツの銀行が候補になる。モルガンスタンレーによれば、資本不足は四〇〇億ユーロとのことです。このように資本不足の推定額に大きな開きが出るのは、審査の対象となるバランスシートの範囲が不明なこと、あるいは欧州銀行庁ＥＢＡとＥＣＢが運営するテストの要因に不明な点が残っているからです。金融危機における銀行の耐震強度を計るストレステストの範囲も実は定まっていないのです（『ＦＴ』二〇一三年一一月一一日）。

とりわけ問題となるのが、銀行同盟が実施される以前の過渡期です（図２―１）。銀行同盟が実施される以前の資産テストで銀行の資本不足が判明し、銀行自身が市場からの資金で資本増強できない場合、しかも公的資金の投入（財政上の後ろ盾）の道筋も不明のままで銀行債権者が一方的に損失を負うことになれば、確実に金融市場の信認を損なうでしょう。しかもユーロ共同の公的資金の後ろ盾も準備されていません。

特に微妙な問題になるのが、銀行の優先債権者（優先無担保債券保有者）と劣後債権者（劣後債券保有者）の扱いです。ベイルイン方式の場合、損失負担は株主、劣後債権者、優先債権者の順番になります。株主はともかくも、劣後債など銀行発行の債券保有者がベイルインを強いられると、ユーロ圏の銀行が発行する劣後債市場から投資家が逃避してしまい、銀行の資金調達が損なわれるはずです。

これまで銀行は優先無担保債権者を守る資本緩衝を強化するために、高い利回りを求める投資家の欲求を利用しながら多くの劣後債（資本になる）を発行してきました。銀行にとっては優先無担保債券が主な資金調達源なのですが、これらを守ろうとして劣後債の投資家がベイルイン・リスクを負ってきたのです（もちろん高い金利というリターンがある）。ところが銀行の劣後債権者が損失を免れなくなると劣後債は発行できなくなります。すると優先無担債保有者を守る資本も確保できなくなります。これでは銀行は主要な資金調達源を失うでしょう。だからＥＣＢ総裁ドラギは現在想定されているベイルイン方式では投資家が銀行から離反してしまうことを恐れているのです（『ＦＴ』二〇一三年一二月一二日）。

このような状況のままではユーロ圏の金融分断化はいっそう助長されるでしょう。周縁諸国の銀行の債権者（銀行債券の購入者、大口預金者）は警戒心を強め、安全なドイツの銀行へ資金を移した方が得策であると考えるでしょう。そうなると周縁諸国の銀行の資金調達コストが急騰し資金繰りが行き詰まるでしょう。実際、二〇一二年夏にはユーロ圏の周縁諸国からドイツへ資金が逃避してユーロが瓦解するという危機に直面したのです（これについては第4章で説明）。

したがって資産査定で判明する銀行の資本不足に対しては公的資金の供給径路をもうけておくことが必要のはずです。この歯止めがないと、資産査定でほんの少々の資本不足ですむという結果が出たとしても、市場は公的資金を節約するために査定がごまかされたと勘ぐるはずです。逆に多くの資本不足が判明すると、公的資金の歯止めがないので、市場は当該銀行の資本不足が埋められなくなるという不安に陥るでしょう（メルシュ理事：二〇一三年九月二六日、〈European Commission Memo ⑪：Ⅰ〉）。銀行を整理する間に流動性を供給したり、破綻する銀行が資産を投げ売りしないようその資産の受け皿（バッドバンク）を設けたり、預金者が破綻した銀行から安心して預金を引き出せるためには公的資金の動員が必要になるはずです（『ＷＳＪ』二〇一三年一二月一〇日）。ところがベイルイン方式のユーロ銀行同盟ではその点が不明なのです。はたしてこのような状態で厳正な資産査定ができるのでしょうか？

3　金融危機の時に公的資金に頼らないという非現実的な方式が逆に金融不安を煽る

アメリカではリーマン・ショックの後で公的資金が動員されています。連邦預金保険公社ＦＤＩＣは介入権限を与えられ、金融システム上重要な企業が破綻しかけている場合、それを安定化させるために納税者のお金が一時的に使用されたのです。もちろんそれには条件があります。それは経済全般が危機の時であり、Ｆｅｄと財務省が同意する場合に限ります。いざという時は公的資金が導入されるという財政上の後ろ盾があるからこそ、金融市場の不安は沈静化するのです。逆に公的資金の導入はない、あるいはきわめて例外的とされ、その判断にも時間がかかるとすれば、そして投資家が一番先に損失を負うということになれば、金融市場の不安は高まるばかりでしょう（『ＷＳＪ』二〇一三年一二月一三日）。ここがアメリカとユーロ圏のちがいです。状況に応じた公的資金の仕組みがあるアメリカの強みです。アメリカには連邦レベルの監督機関ＦＤＩＣがあり、しかもこれが公的資金導入のパイプになっているのです。

米国とユーロにおける銀行問題の解決の方法に大きな違いがあります。この問題については米国では連邦で対応し、ユーロ圏では一国レベルで対応したのです。米国の連邦預金保険公社ＦＤＩＣは四九〇もの銀行を整理しました。すべての銀行から拠出させた預金保険基金の資金を使い、米国財務省は資本注入支援と保証を通じて金融機関に公的資金を供給し、Ｆｅｄはストレステストを行い、銀行の追加的資本の必要性を判断しましたが、欧州にはこのような連邦機関はありません。だから米国では、たとえばカリフォルニア州が財務省に代わってウェルスファーゴに公的資金を供給することはありません。あるいはニューヨーク州がシティグループへ保証を供給しなくてはならないという状況があるとしても、それはニューヨーク州でなく連邦レベルで対応します。連邦機関はローカル・レベルの金融危機がシステミック危機に発展することを防ぐのです。

ユーロ圏にはそのような体制がありません。たとえばアイルランドの危機の場合、国内銀行の問題は同国の国家財政能力を超えていましたが、ユーロ共同では対応していませんでした。またギリシャの場合、財政問題が銀行を巻き添えにしたのに、ここでも財政同盟なきユーロ各国はバラバラに対応しただけでした。アイルランドやギリシアのいずれの場合も財政と金融の相互作用の悪循環を招いた。これが経済を引き倒し、国内市場を崩壊させ、ECBの金融政策の行為を損なった。だから、この悪循環を取り除くのが銀行同盟の課題になるはずです（アスムセン：二〇一三年一〇月二五日）。しかしこのような悪循環を断ちきる手順が、連邦政府のアメリカにはあってもユーロ圏にはないというのです。

例えば二〇〇八年以来、連邦預金保険公社FDICが手がけた銀行整理四九〇の内、四五〇はいわゆる〝Purchase and Assumption〟と呼ばれるものです。いったん買い取って他行に売却するものです。それは銀行の一部を他の銀行へ売るものであり、しかもそれがある州から別の州の銀行に売られる。銀行部門は、米国ではまさに全国レベルの銀行であり、これがうまくリスクを拡散させる。ある州のローンである銀行に損失が出ても他の州のローンの収益でカバーできる。これで少なくともコストを内部に吸収できる。

これに対し、ユーロ圏の場合、銀行は国内に傾注する傾向にあり、一国の損失はその国の銀行の資本を食いつぶす傾向が強い。その反対に資本市場でも米国はうまくできています。資本市場では、米国は統合された株式と社債市場があり、銀行破綻や企業の支払不能による損失は全体市場にまたがって拡散される。しかしユーロ圏の場合、クロスボーダーの資本市場は部分的にしか発展していない。

図 2-2　単一銀行処理機構の核となる単一整理基金の構成（①＋②）

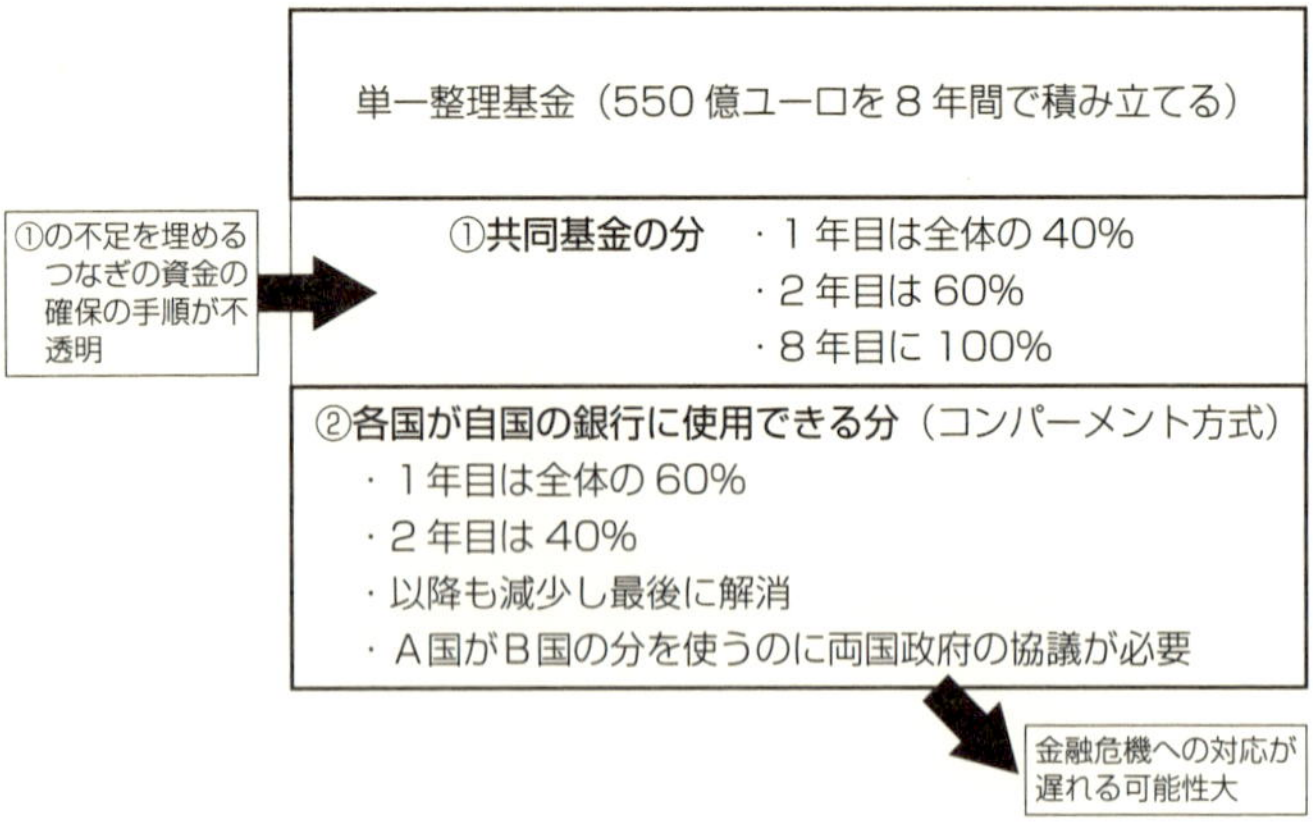
単一整理基金（550 億ユーロを８年間で積み立てる）
①共同基金の分
・１年目は全体の 40％
・２年目は 60％
・８年目に 100％
①の不足を埋めるつなぎの資金の確保の手順が不透明
②各国が自国の銀行に使用できる分（コンパーメント方式）
・１年目は全体の 60％
・２年目は 40％
・以降も減少し最後に解消
・Ａ国がＢ国の分を使うのに両国政府の協議が必要
金融危機への対応が遅れる可能性大

これではマイナスの経済ショック効果が完全に国内に集中してしまいます。ドイツ、フランスの場合、株式の八五％が国内保有なのです。推定によれば米国の経済ショックの三分の二は統合された金融市場を通じて吸収されているという研究もあるくらいです。ユーロ導入でＥＭＵ諸国は民間のリスク分担を促進させているはずなのに、米国に比べれば低い水準にとどまっており、金融の分断化にさらされやすいのです（アスムセン：二〇一三年一〇月二五日）。アメリカには一種の民間版の銀行同盟が機能しているわけです。しかもアメリカは単一の金融市場があり、連邦機関の仕事をやりやすくしています。それは特に整理機関の場合にあてはまります。ＦＤＩＣが銀行の合併吸収を主な整理戦術として利用しているのです。

　アメリカでは財政と銀行の双方が危機で結合することはない。ところがユーロ圏の銀行同盟構想では、公的資金導入は基本的に否定され、それに代わるベイルイン方式による銀行整理基金の規模の充実には最高八年もかかるという体たらくです。しかも驚くことに、民間の銀行の課金で積み立てられる破綻処理基金は何と共同目的には使えない部分が多い仕組みになっているのです（図2－2）。

4　銀行同盟のベイルイン方式も「異常な経済状況」ではベイルアウト方式に化学変化する

このようにベイルイン方式一点張りで公的資金の歯止めのないまま、銀行にレバリッジ解消をせかせると一体どうなるでしょう？　銀行破綻処理が欧州よりもはるかにうまくいった米国の場合でも、二〇〇九年に一九の銀行のストレステストがあり、公的資金も簡単に入手できる手順になっています（『FT』二〇一三年一二月一二日）。このような緩衝装置がないと、資本不足の露見を恐れて厳密な資産査定は行われなくなるでしょう。

公的資金を活用できるというセーフティネットがないと、ECBは銀行監督上、問題のある金融機関のことを公表することをためらうかもしれません。これでは監督の透明性も確保できません。監督機関としてのECBの信頼性も問われかねません。これまでのストレステストは三度失敗しています。査定が甘かったのです。今度はECBもストレステストで失敗するわけにいかないはずです（『FT』二〇一三年一二月一二日）。だから金融機関破綻を発表する時には公的資金を投入できるというセーフティネットが不可欠なのです。しかしそれが準備されていません。

ドラギＥＣＢ総裁は国家レベルの公的資金の歯止めを出す用意ができているのかどうか不明なことに強い懸念を示し、二〇一三年一〇月の最初の週に、「非常に驚いた」と発言しています。ドラギはすでに二〇一三年初旬、資産テストの時に公的歯止めを用意しておくよう必死に求めていました。このドラギの訴えに対し、ＥＵ首脳はサミットで明らかに「適切な協定」を結ぶという約束をしたはずでしたが、特別の額が約束されているわけでありません。ユーロ共同基金ＥＳＭが銀行に直接に行くということになっていても、ドイツはこのルールには同意していないのです。

ところがＥＵ首脳は楽観的なようです。ベイルイン方式の場合、株主や債権者や投資家による損失負担の限度は銀行の総資産の最大八％であり、それ以上の損失は負わない。これで現在の金融危機の間に起きたケースの九九％に対応できる。これが二〇一三年一二月半ば時点のＥＵ高官の説明です。それ以上の損失が出る場合は、各国の当局は公的資金を使うことができる。しかしそれにも実は上限が設定されています。各国の整理基金は銀行の総資産の五％を限度として公的資金を投入できるというのです。それもあくまでも「異常な経済状況」の場合だけに限るというのです。

しかし危機とは何でしょう？　何時も「異常な経済状況」の時にたびたび起こるからこそ危機なのです。だからそのような例外を認めるか否かは欧州委員会の判断次第になります。資産査定で資本不足が判明しても銀行が市場で資本を調達できない場合、政府は「予防的資本注入」のために公的資金を投入すれば投資家の不安はおさまるでしょう（『ＷＳＪ』二〇一三年一二月一三日）。

さすがに欧州委員会もこの点の問題点に気づいたようです。システミック危機の時は、銀行資産の八％がベイルインで行われた後、公的資金の投入は銀行資産の五％の上限にしばられないようにする柔軟性が必要であると考えるようになったのです。公的資金が整理基金を直接代替できるようにしておくためです。危機の時は不確実性と銀行取り付けや他のユーロ圏への汚染の波及を止めるために、中央レベルの迅速で断固とした決定が不可欠だからです。実際、二〇一二年六月二九日のユーロ圏サミットで将来のＥＳＭは銀行に直接資本注入できることとなり、ユーログループは二〇一三年六月二〇日にＥＳＭの直接資本注入の基本に合意したそうです。しかしその場合もＥＳＭの最大資本注入は六〇〇〇億ユーロにすぎません〈ＥＳＭの規模は五〇〇〇億ユーロ〉。もちろんＥＵの国家援助へのＥＵの規定があり厳しい条件がつきます〈European Commission Memo ②〉。

ＥＳＭによる銀行への直接資本注入が行われたとしても上限が六〇〇億ドルに制限されているのです。しかし、二〇〇八～一一年の間にユーロ圏諸国が銀行救済に支出した額は、資本注入だけでも二二七八億ユーロに及び、これに加えて不良債権の買い取り、銀行が発行する債券の保証、流動性供給あるいは供給保証をあわせた総額は一兆一三三四億ユーロでした。だから上限が六〇〇億ユーロにすぎないＥＳＭによる直接資本注入の発動だけでは銀行危機対策としては全く不十分のはずです。しかも直接資本注入以外の流動性支援（不良債権買い取り、銀行が発行する債券の保証、流動性供給保証）の体制も実際に銀行同盟が始動してから協議することになっています。

やや皮肉になりますが、「直接資本注入額を最小化するための方策が最大限盛り込まれている」〈天野：二七〉ばかりでなく、金融危機対策として欠かせない流動性支援の枠組みも〝最小化〟されたままなのです。銀行を秩序だって整理するためには資本注入ばかりでなく、大量の流動性供給が必要なはずですが、このようなことは合意されていません。破綻したフランスの銀行のデクシアの場合でも国家による保証はほとんど八〇〇億ユーロもかかっています。ところがこのような流動性供給径路の設定は合意されていません。これでは、金融危機の時に最大限求められるものが最小化される仕組みとなっているのが銀行同盟構想だということになりかねません。

以上みたかぎりでも銀行同盟のベイルイン方式は実効性がなく、実際に大きな金融危機が勃発した時はベイルアウト方式で補完されることになるのは必定です。

ベイルイン方式に加え、欧州委員会は短期的な国家援助を適用するわけです。もちろん、銀行が安易にベイルイン条項をくぐり抜けないよう、ベイルアウトの条件にはそれなりに厳しい条件を導入する。その条件は銀行の規模、危機の性格と銀行のビジネスモデルに基づいている。公的支援が出される場合は、強制的な資本削減と劣後債のベイルインが適用されるそうです（クーレ理事：二〇一三年九月三〇日）。しかしそのような銀行が発行する債券を保有している投資家はじっとしているのでしょうか？　損失を負担させられる恐れから急いで当該銀行が発行する債券を売るはずです。しかも本当に支払不能の銀行なのか、それとも支払い能力はあるが資金繰りで苦慮する銀行なのかの見極めはなかなか大変で、後者の場合には流動性供給が必要であり、それを封殺する安易なベイルイン方式をとると角を矯めて牛を殺すことになりかねません。

このような問題を意識しているのでしょう、ECB総裁ドラギもベイルイン方式を支払不能と見られた銀行に適用することには同意しながらも、追加資本が必要となるものの支払能力のある銀行には機械的なベイルイン方式とは別の扱いを適用すべきであると主張しているのです。先ほど挙げたとおり、劣後債権者の扱い次第では金融不安を煽りかねないからです。銀行が支払能力のある限り、債権者にベイルインを強いることなく銀行に国家支援を受け入れさせるには十分な理由があるというのです。

したがってベイルイン方式を唱える銀行同盟ができたからといってもベイルアウト方式がなくなるわけでないのです。欧州委員会のバルニエ銀行委員会委員長は銀行同盟に関し、「納税者は銀行が過ちを犯しても支払をする必要はない。膨大なベイルアウトの時代の終わりである」「ベイルアウトからベイルインへの移行である。銀行の破綻処理は秩序だって行われ、納税者への負担は最小限となる」（二〇一三年一二月）と説明していますが〈European Commission Memo ①：I〉、特に財源が確保できるのか否か不明のSRMではベイルイン方式を貫けなくなる場合が出現する可能性を認めています。すなわち、「しかし道の終わりではない。特にＳＲＭについては終わりはずっと先のことである」〈European Commission Memo ①：2〉と。

以上確認したとおり、銀行同盟構想が打ち出されても、額面どおりのベイルイン方式でいくのか、それともベイルアウト方式が続くのかどうか、また投資家の負担の有無や負担の方式、あるいは破綻銀行の処理の財源をめぐり不透明の要因が多すぎるのです。しかも一国の経済事情次第では特定の債権者をベイルインの対象から除外する可能性もあるのです。なぜなら、国によっては自国の銀行のベイルイン負担の後、銀行債務をベイルアウトするために自国の整理基金を使う選択権があるからです。国により整理基金の規模もちがいます。ベイルインが実際にどのように適用されるのか国によってまちまちなのです。財政上、余裕のある国はベイルアウト方式を活用するでしょう。こうなると株主や投資家はベイルインの負担の少ない国の銀行に投資した方がましだと考えるようになり、銀行同盟構想の意に反して金融分断を助長しかねないのです。

このような金融市場の不安を解消しながら銀行を整理できることを投資家に完全に納得させる必要がある。さもないと彼らは監督機関に破綻処理の執行猶予を期待するはずです〈アスムセン理事：二〇一三年六月一四日、七月九日、コンスタンティオ副総裁：七月一二日、メルシュ理事：八月二九日〉。これではまともなストレステストの実施は期待できません。

ベイルイン方式が早期に導入されないのには別のわけもあります。ユーロに参加していないＥＵ加盟国にも銀行同盟参加を促すためです。銀行同盟の目的はEU域内市場を強化することであり、EUを銀行同盟国と非同盟国の二つに分断するわけにはいかないからです。たとえばEUの中でユーロに参加していないデンマークの場合です。デンマークの銀行の連結資産はGDPの四倍であり、同国の最大級の銀行はクロスボーダーの営業をしている。デンマークが銀行同盟に参加しやすいよう、SSMの免責条項にはユーロレベルの破綻銀行の整理決定に反対する余地も設けておくというのです（アスムセン理事：二〇一三年一一月五日）。

二〇〇八年のデンマーク政府の金融危機対策は多くの面でユーロ圏諸国と同様、ベイルアウト、ローン、保証に多く頼った経験がありますが、二〇一〇年の銀行危機のピークの時は欧州の諸国の中で始めて、ベイルイン方式を導入しました。銀行が破綻した時に、優先債権者にも負担をさせたのです。Amagerbanken and Fjordbank Mors の優先債権者はそれぞれ一六％、一四％のヘアカット（損失負担）を強いられました。ところが市場の投資家はこれを不安材料とみなしました。他の競争者よりもデンマークの銀行は暗黙の政府保証の便宜が少なくなるので、格付けが下げられ、市場の資金調達コストが上昇してしまったのです。

このようにベイルイン方式が合理的であっても、市場が緊張している時に一国が単独で突然、ベイルイン方式をとれば市場はネガティブに反応し混乱が広がります。それは二〇一三年春のキプロス銀行不安でも明らかです。当初、キプロスに対しEUは厳格なベイルイン方式を唱え小口の預金者にまで損失を負わせようとしたので大規模な銀行取付が起きたのです〈〈IMF, GFSR, Oct. 2013 : 106–107 ; ECB, FSR, May 2013 : 23-25 ; Merler & Wolff : 4〉、『日経』二〇一三年三月二五日（夕刊）、三月二六日、四月一〇日（夕刊）〉。

実際、米国のリーマン・ショックもベイルイン方式は不都合になる例を示しています。リーマン破綻の直後、米国最大の貯蓄金融機関（thrift）の Washington Mutual（ＷａＭｕ）も損失を膨らませており、預金者は同行から一〇日間に一七〇億ドルを引き出します。同行の監督機関も同行が大丈夫であると保証できなくなります。普通、ＦＤＩＣは金曜日までは銀行を閉鎖しません。週末に体制を整え翌週の再開に備えるからです。ところがＷａＭｕの場合、取り付けがあまりにも激しく、ＦＤＩＣは木曜日に閉鎖させざるを得ませんでした。

ＷａＭｕの資産は投資銀行のベア・スターンズより少し小さい、約三〇〇〇億ドルの規模でしたが、ＦＤＩＣが保険対象としている銀行の中で倒産するものとしては断トツの大きさでした。それは一九八四年に救済されたコンチネンタル・イリノイ銀行のほとんど四倍の規模です（インフレ率調整した規模）。コンチネンタル・イリノイ銀行もあまりにも有名です。すなわち同行の破綻こそが「大きすぎてつぶせない」（too big to fail）を流行らせるきっかけになったのですから〈Geithner : 326〉。

ＦＤＩＣは当初、ＷａＭｕをベイルイン方式で破綻処理しようとします。ＦＤＩＣはＪＰモルガン・チェース銀行にＷａＭｕを買い取らせ、ＷａＭｕの保険付き、保険なし預金も引き取らせることにしていましたが、ＷａＭｕのほかの債務の引き受けは求めていませんでした。するとＷａＭｕの債券保有者はＷａＭｕの損失をかぶってしまいます。

しかしこれはたいへんなことです。金融危機の最中に銀行の債権者にヘアカットを求めることは、金融パニックを加速させる確実な方法になるからです。リーマン破綻の例が示すとおり、カネが返済されないとなると貸し手の不安は一挙に高まります。リーマンの社債を買っていたＭＭＦに元本割れが生じたことがＭＭＦへの取付を引き起こし、これが金融市場全般を凍結させてしまったのです。そして銀行の債権者たちはどの金融機関が第二、第三のリーマン、ＷａＭｕになるのか疑心暗鬼に陥ります。それで債権者はデフォルトで損失するリスクを犯すよりも、とにもかくにも関連金融機関から逃げ出そうとするでしょう。そして必ずしも逃げる必要がないと考える人でも、他の人がいっせいに逃げ出せば自分も逃げなくてはならないと考えるようになるはずです〈Geithner：327〉。

本章の第2節で、ドラギＥＣＢ総裁も銀行の債権者にベイルイン方式を機械的に押しつけると金融危機を煽ってしまう懸念していたことを紹介したとおり、銀行の債務への保証がなければ債権者は銀行から逃げ続けます。銀行のデフォルトを恐れるからです。またヘアカットを強いられるからです。しかも銀行側も自己防衛のために現金を退蔵し、貸出は回収しようとするでしょう。これで市場全体の流動性は減少し続け、取り付けはさらに広がります。

だから金融危機の時には金融機関の資本増強ばかりでなく、銀行の債務保証も必要なのです。資本は銀行の支払不能をさけるためには欠かせないし、保証は銀行の流動性を保持するのに不可欠なのです。そこで米国の財務省やＦｅｄはＦＤＩＣに方針変更を迫り、銀行の債務を保証させます。金融危機の時には銀行の債権者は銀行の資本が強いかどうかに関わらず銀行から逃げ出します。すでに銀行への取り付けが始まってしまえば、銀行の資本強化をするだけでは取り付けは抑えられません。しかも銀行の債権者がヘアカットを強いられたりデフォルトのリスクにさらされれば、ますます取り付けは激化します。それを止めるには銀行の債務保証が必要になります。

ＦＤＩＣによる預金保証が預金者の取り付けを防ぎ、財務省による保証がＭＭＦ取

図 2-3　米国の金融危機における莫大な公的資金動員・解除の経緯（2008～2013年）

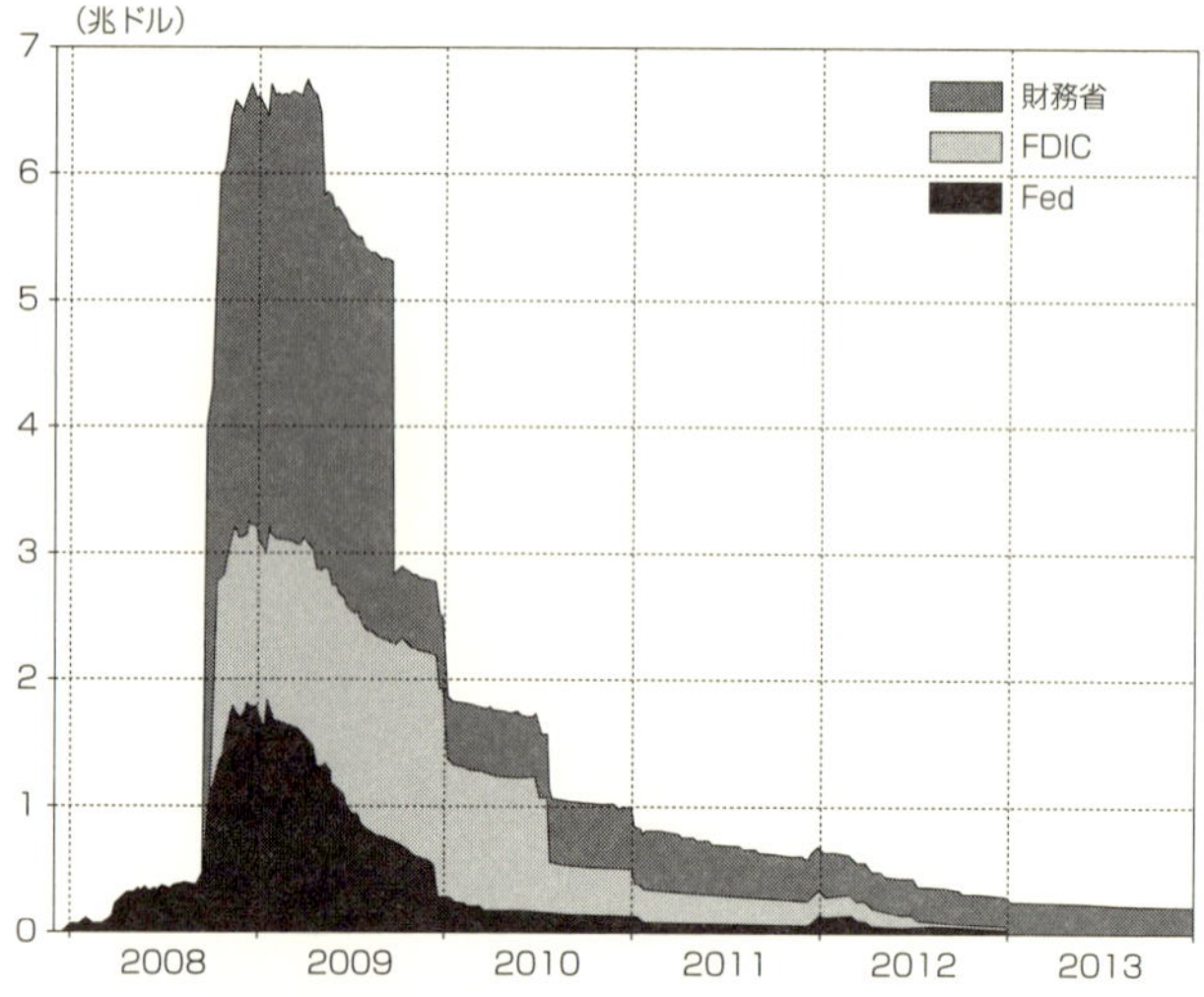

（出典）〈Geithner：562〉の図より。

り付けを抑えたように、政府は危機が治まるまでは銀行の債権者などがデフォルト不安を感じないよう、銀行の債務を保証しなければならないのです。政府は危機の時、金融機関の後ろ盾となり金融システムのメルトダウンを防ぐという確固たる姿勢を示す必要があるのです〈Geithner：346-7〉。その反対に金融危機の最中にベイルイン方式をとると大変なことになります。

いずれにしろ中央銀行の貸出と政府による金融機関の債務保証のどちらも金融パニックを鎮静させるのに不可欠なのです。実際、米国政府は金融危機の時、とてつもない規模の公的資金を動員しています。まさにベイルアウト方式そのものです。預金保証にとどまらない銀行の債務保証、資本注入、ローンなどの支援はピークには七兆ドル近くに膨らみます（図2－3）。

しかし、これはあくまでの金融危機の最中の措置（必要悪）であり、危機の終息を速めます。そして危機がおさまれば公的資金動員もすぐに解除され、結果として公的資金は大きな利益がついて回収されたのです。公的資金動員は納税者と経済双方に非常に寄与したことになります〈Geithner：562, 791〉。ところがベイルイン方式のユーロ銀行同盟では、アメリカの金融危機対策におけるベイルアウト方式は基本的に封殺されています。本章を「穴だらけのユーロ銀行同盟」と銘打つ理由です。

5　ECBによる単一監督の実質が骨抜きになる事情
：ソブリン債の扱いは各国バラバラ

破綻処理の一元化は二〇一四年秋にも始動する予定です。欧州委員会の銀行同盟担当バルニエによると、「ユーロ圏でEUのルールの適用を集中権限化する」とのことでした（『FT』二〇一三年一〇月二四日、『日経』二〇一三年一二月二〇日）。しかしその内実はうたい文句からはほど遠い状態です。

たしかに監督権限はECBへ移り、その権限は各国監督の法律に優先し、クロスボーダーの銀行を解体するのに「回復と整理」の枠組の先鞭をつけます。ところがノドに刺さった棘はとれません。査定で一番問題になるはずのソブリン国債の評価に関しては、各国当局の裁量にまかされたままなのです。欧州銀行庁EBA議長エンリアはこれにいらついています。ソブリン危機と銀行危機の複合危機が起きたのはなぜか？　問題のあるソブリン債の評価において当の問題のソブリン債国にまかせておいたままだったからだというのです。

そのひどい例を確認しておきます。EBAが行ったストレス・テストの結果は二〇一〇年、二〇一一年のいずれの場合も数カ月で反証されてしまいます。二〇一〇年七月にEBAの査定結果が公表されてすぐ後にアイルランドの銀行の問題が発覚しました。一一年七月の場合も査定合格したはずのデクシア（ベルギー・フランス系大手）が三カ月後に経営難に陥りました。公表分の九〇行中、資本不足と判定されたのは八行だけであり、デクシアはこれにも入っていなかったのです。

理由はソブリン債の扱いにあります。デクシアは保有するソブリン債の損失を計上していなかったのです。にもかかわらずＥＢＡはこのような金融機関は金融的に強いというめくら判を押していたのです。

デクシアの例が示すとおり、政治家は自国民や経済界の受けを狙い、納税者に負担をかけたくないので、緩い検査を望みがちです。この点に関し、ＥＢＡ議長エンリアは過去の二回の失敗を認めています。「査定の目的は市場の信頼回復だったが、この目的を果たせなかった」そうです。しかし今回二〇一三年から始まっている査定では財務基準の統一の面で改善がみられますが、査定で資本不足が明らかになった銀行はどのように資本不足を埋めるのか、あるいはどのようにソブリン債を価値評価するのか等々で未だに不明な点が多いのです（『ＦＴ』二〇一三年一〇月七日、一一月一八日、『日経』二〇一三年一〇月一四日、一二月一日）。

査定が信頼性を失ったのはソブリン債の評価の手法が原因のはずです。特に銀行のバランスシートにソブリン債が入っている場合には、ますます政治的干渉の可能性が高くなります。その典型例がデクシアだったのです。ソブリン債の価値評価はＥＣＢでなく各国の裁量に託されたままなのです。

さらにつけ加えれば、ソブリン債の扱い方もユーロ圏内でもバラバラなのです。ユーロ圏内でもリスクウェイト資産の扱いに関しても、各金融機関がもつ資産ばかりでなく、それが計算される方法やバランスシートの項目の会計上の扱いも国に応じてかなり異なっています〈BBVA：9〉。

ところで銀行が自国の国債保有を増加させるのはなぜなのでしょう？　ユーロ諸国政府は表向きは自国の銀行に自国国債を優先的に購入するよう強制はしていません。しかし各国の銀行は自国政府の金融監督に配慮するでしょう。あるいは政府の暗黙の圧力もあり、他国の国債よりも自国の国債を優先して買うのが当然という雰囲気があるでしょう〈天野：一三〉。いざという時に救済してくれたり、税制上、配慮してくれるのは自国政府のはずです。他の証券と違い、国債がリスクウエート付けされないので、国債保有に対し資本を積む必要はありません。だから弱体化する銀行は国債を腹一杯詰め込む動機を強めるわけです。特にソブリン危機に見舞われた国の銀行の国債保有が問題です。イタリアとスペインの銀行のソブリン債保有は相対的にリスクが高いことに変わりありません。スペイン銀行の二〇一二年の報告によれば、金利上昇が二％に達するとイタリアの銀行は保有債券の評価下落で七・七％も資本が減るそうです〈IMF, GFSR, Apr. 2013：112〉。

ソブリン危機発生以降の二〇一三年一〇月半ば時点でもユーロ圏の銀行の国債保有比率は高止まりのままです。イタリアの銀行の二〇一三年八月末の総資産のうち、一〇分の一以上は国債です（二〇一二年初めの六・八％から上昇）。二〇一一年一一月から二〇一三年九月までに自国国債保有を七三％増加させ、四一五〇億ユーロになっています。スペインでは同期間、六・三％から九％へと増加しています（額は八一％増加）。この増加の圧倒的部分は本国の国債です。このような増加の一因となったのはＥＣＢが敢行した期間三年の民間銀行への低利資金供給（ＬＴＲＯ）です。銀行は長期低利資金を調達して利回りの高い国債を買うのです。いわゆるキャリー・トレードです。イタリアの銀行の場合、これで金利収入における安全な資産の金利収入は二〇一〇年の四％が二〇一二年には一〇％となっています。ユーロ圏全体の銀行の資産に占める政府債の比率も二〇一二年初め以来、四・三％から五・六％へと増加しています。ソブリン危機が今後発生すれば当然、ソブリンと銀行の負のスパイラルも強まるでしょうが〈ECB, FSR, November 2013：82-83〉。

ところでソブリンリスクの評価に関し、ＢＩＳには面白い解説があります。バーゼル資本比率の件で、銀行が保有するソブリン債はゼロリスク扱いと言う主張があるが、ＢＩＳはこれは正しくないと説明しています。ＯＥＣＤメンバーのそれはゼロリスクであり、非ＯＥＣＤのそれは一〇〇％リスクにしているというのです〈BIS ③：10-11〉。ところが当のソブリン危機の当事者国だったユーロ周縁諸国はすべてＯＥＣＤ加盟国なのです。

実際のところ、ＥＣＢはストレステストで焦点になっているソブリン債の扱いを緩くしています。銀行が償還日まで保有するソブリン債に関しては時価評価を求めないそうです。欧州議会のボウルズ経済・金融問題委員長に宛てた二〇一四年一月一〇日付の書簡によれば、「ソブリン債へのエクスポージャーは、償還日まで保有する債券も償還前に売却する債券も審査の対象となるが、償還日まで保有する債券については時価評価を想定していない」そうです。ソブリン債評価を柔軟にする理由は、今年のストレステストを意識して一部のユーロ圏の銀行が融資を抑制するとの懸念が欧州で広がっているからです（『ロイター』二〇一四年一月一〇、一四、一五日）。

これではたして銀行同盟の本来の狙いであるユーロ圏全体の単一の銀行監督手法は効果を発揮できるのでしょうか？　二〇一四年一月九日の『FT』紙会見においてECBの単一監督委員会議長となるヌイはソブリン債がリスクフリーでないことを強調し、銀行へソブリン債に対する引当金の積み上げを求めています。危機のさなかにソブリン債の評価に関する規則変更を認めるのは最善のことではないが、ルールを強化すべき国があるというのです。この会見においてヌイは、「いくつかの銀行には見込みがないことを受け入れるべきである」と語っています。ヌイは査定で、欧州の銀行は健全であり、資産の透明性は高まると期待していますが、イタリアはバッドバンク構想に反対しているそうです（しかしイタリアの銀行もこれに前向き…詳しくは第5章）。いずれにしろこのヌイ発言にイタリア、ドイツなど地方の借り手が破綻するのを見たくない政治家から反発されるのは必至です（『FT』二〇一四年二月一〇日）。

面白いことにそのドイツの連銀総裁ヴァイトマンも二〇一三年夏の時点に欧州銀行監督委員会議長のヌイと同じ考えを表明しています。シュンペーターのかの有名な〝創造的破壊〟的な銀行破綻処理を強調し、「欧州の通貨同盟の基礎を強化するために、ソブリンにも銀行にもノー・ベイルアウト原則を強化する必要がある」と述べ、銀行破綻処理では国家と納税者に負担をかけないのが原則だとしています（二〇一三年七月一一日）。

6　銀行破綻処理の手続の迷路（ラビリンス）
：ユーロ版小田原評定にいらつくECBドラギ総裁

ユーロ銀行同盟は単一の銀行破綻処理のはずですが、銀行破綻の決定手続も大変です。欧州委員会は各国の財務相との緊密な協議がないと正式な決定はできません。SRMの委員会は各国の整理機関の執行を監視します。他方、一国の整理当局は整理手続に密接に関わりますが、一国機関がSRM委員会の決定に応じない場合、困難になっている銀行へ直接に執行令を出します〈European Commission, Proposal for a SRM：3〉。

次にECBの関わりを説明します。監督機関のECBは銀行が困難になっている時を整理機関に告知します。この整理機関は銀行整理の分析、方法の決定の権限があるECB、欧州委員会、関連各国当局（本店、支店、子会社の所在する国）から成り立ちます。だから単一の整理機関といっても実質はハイブリッドそのものなのです。そして整理の際にどのような手段を使うのか？　あるいは欧州整理基金を動員するのかどうか？　一国の当局もこの作業に深く関わります〈European Commission,

Proposal for a SRM：4〉。だからますますハイブリッドになります。

しかも整理決定権はＥＣＢや独立行政機関のＥＢＡでなく、欧州委員会にあります。ＳＲＭの委員会は破綻処理に関する助言機関にすぎず、問題となっている銀行の破綻処理を実施するか否かの最終的決定は欧州委員会が行います。金融安定と銀行監督に関する仕事はＥＣＢにあるものの、整理決定は欧州政府レベルで実行されるのです。欧州委員会は銀行整理の経験が多く、金融危機の最中、銀行に政府援助を認める条件を決めるなど包括的な役割を果たした実績があります。現在のＥＵ条約では、欧州レベルで銀行整理をいつ最終決定するのか、あるいはいつ行うかの権限はＥＵ機関（欧州委員会、ＥＣＢ、ＥＵ理事会）などＥＵの最上級機関だけにあり、その中でも欧州委員会が最も適当であるとされています〈European Commission, Proposal for a SRM：5-6〉。

これをみても実質上の銀行整理決定者を探し当てるだけでも実に大変なことなのです。となると銀行整理決定の過程はますます込み入ってしまいます。その銀行整理の手続の込み入り具合を確認しておきます。まずＥＣＢが破綻する銀行を特定します。次に欧州委員会、欧州理事会、ＥＣＢ、各国の銀行整理機関が協議します。しかも各国の銀行監督とＥＵの代表による委員会が銀行の清算を決定しても、欧州委員会はこれを拒否できます。欧州委員会はＳＲＭ委員会に修正を指示できても、逆にＳＲＭ委員会は欧州委員会の拒否権に異議を申し立てることができるのです（『ロイター』二〇一三年一二月一四日）。まさに堂々めぐりです。ラビリンス（迷路）そのものです。

欧州委員会が決定しても、欧州理事会は欧州委員会の提案を拒否したり、修正するよう銀行整理委員会に要請できます。特にこの整理が国家支援を含む場合、欧州委員会は整理計画を理事会で採用するのに先立ってこの援助を承認しなければなりません〈European Commission Memo ①：3〉。ＥＣＢが銀行破綻宣言をしても、実際に銀行を閉鎖する権限は欧州委員会と一八のユーロ圏諸国にあるのです。

しかもこの整理決定の過程も入り組んでいます。『ＦＴ』紙はこれをお役所仕事の典型として紹介しています（『ＦＴ』二〇一三年一二月一六日、一七日）。これによると、銀行を整理するのに一二六名に協議をかけ、何と一四三の投票にかけられる。ＥＣＢ監督委員会、ＥＣＢ政策委員会、単一整理機構の二つの委員会、そして欧州委員会でも八〇〜九〇人による一〇七の投票を含みます。金融危機の際は銀行破綻の決定は迅速に処理すべきことなのに、銀行の破綻処理の手続きは入り組んだ迷路そのものなのです。これでは緊急時に有効な処置が下せるはずもありません。金融危機対策には絶対欠かせない秘密保持が保てるのか？　まさにユーロの官僚的体質を体現しています。筆者はこれをユーロ官僚という bureaucaratic にあわせた体質として Eurocracy と形容しておきます。

当然、ＥＣＢドラギ総裁が強い不満を示しています。「特定の銀行が存続可能かどうか数百人で協議すべきではない。実行可能な枠組みになるかどうか、これが私にとって懸念材料だ」。たとえば、合意は金融市場が閉まる週末に行わなければならないのに、銀行監督機関が危険信号をあげて最終的な決断がいたるまでに何と九つもの委員会にかけられる。ドラギはこのことについて不満を隠しません。「監督当局が特定の銀行について存続不可能だと判断すべき時がある」場合に、その件を多くの委員会、関係者の間で審議しなければならないし、緊急を要する事態に小田原評定なみの長い手続きがかかる。EUの提案では、破綻銀行の閉鎖の最終決定を下すのに数日、もしくは数週間を要する可能性もある。ドラギ総裁はこれは長過ぎると批判し、「こうした決定は即座に下す必要がある」と欧州議会で明言しています（二〇一三年一二月一六日）。金融危機は破綻処理の協議中にもどんどん進行するだろう。閉鎖が検討されている銀行に取り付けが発生する恐れもある。金融危機ではこの取り付けが連鎖反応を起こすことが毎度のことであるのにもかかわらず（『ロイター』二〇一三年一二月一四日、『FT』二〇一三年一二月一六日）。

このような不満は他のユーロ中央銀行総裁も表明しています。イタリア銀行総裁イグナチオもSSRの破綻決定手続も迅速化、効率化するべきであり、全体の機構が完全に信頼できるよう銀行破綻整理基金の長い移行期間も短縮化すべきであると主張しているのです（二〇一四年二月八日の講演）。

ではなぜこのように手間取るのでしょう。金融危機や銀行救済には財政負担を伴う可能性があるからです。欧州統合を謳うはずのマーストリヒト条約は財政政策を一国政府に任せています。政府が国民の預金を保証すること、同国に本店をおく銀行を救済することなどへ責務を感じる限り、自身の国家的監視機関を保持したいはずです〈Goodhart：15–16〉。

こうして銀行監督や銀行破綻処理の権限は各国に残されたまま銀行同盟が立ち上げられるのです。銀行同盟が設立されれば銀行整理の権限はユーロ・レベルに移されるはずなのに、実際には整理権限は各国に残っているのです。なぜなら破綻処理の権限を単一破綻処理機関に移せばこの機関に大きな権限が集中してしまい、それは特定の機関に過度の権限を集中することをさけるEU条約の観点からも問題になってしまうからです（次章でとりあげるドイツの姿勢を見ればそれはいっそうハッキリする）。

7　銀行破綻処理の手続のラビリンスを修正する試み
：：それでも終わらないユーロ版小田原評定

以上の一元化構想は加盟国で構成するEU理事会で二〇一三年一二月にまとめられたものです。さすがにEU自身もこれでは問題があると考えたようです。欧州議会は修正を求めます。それを受けてEUは二〇一四年三月二〇日にユーロ圏の銀行破綻処理の一元化の最終合意を発表します（一六時間のマラソン協議で）。それによれば、二〇一三年一二月の加盟国案の段階では加盟国の規制当局が破綻処理で深く関与できることになっていた点に手が加えられ、今回の最終段階ではECBが銀行の破綻認定で主要な役割を果たすことになります。

ECBが銀行監督においてEUのトップ監督者となる。破綻銀行の整理機構においても中央的権限のある機関が銀行を本国政府の意志に逆らっても閉鎖できることになります。その逆に整理委員会が銀行整理に関し、ＥＣＢに破綻認定の決定を求めてもＥＣＢ側がそれを断れば整理委員会自身が決定できます。また個々の銀行整理の時に個別各国からの政治的干渉が及ばないようにする措置もとります。閣僚理事会は欧州委員会の要請があったときにしか関与できないようにしたのです。こうしてＥＵの各国財務省の影響を抑えつつ欧州委員会が整理決議の時の発言力を拡大することが最終合意とされたのです。また整理決議は週末に迅速にとられます。米国の市場が閉まりアジアの市場が開く前の週末の間に決定するわけですが、しかし先にふれたとおり、この決定には一〇〇以上の委員会の投票にかけられることに変わりありません。欧州のブリュッセル政府と各国蔵相は協議を二四時間で済ますのです。まさに目の回るような話です（〈European Parliament〉、『ＦＴ』二〇一四年三月二一日）。

また破綻処理基金も二〇一三年一二月時点の構想の時よりも改善されていますが、使い勝手の悪いことにかわりはありません（図２－２）。二〇二〇年までに共通基金は二〇〇億ユーロになり、これはドイツが当初認めていた額のほとんど二倍になります。各国が一国レベルで対応していた銀行破綻処理はユーロ圏一体で対応することになるわけです。欧州委員会の銀行同盟担当委員のバルニエは、「銀行危機により効率的に対応できるようになる」と今回の合意の意義を強調しています（二〇日の記者会見）。たしかにこれで共通基金は資本注入の分を確保できるかもしれません。しかし銀行を秩序だって整理するためには大量の流動性供給が必要なのですが、このようなことは合意されていません。デクシアの場合でも同行の債務に対する国家保証はほとんど八〇〇億ユーロもかかっています。ところがこのような流動性供給の径路の中身は合意されていないのです。

これについてはＥＣＢの単一銀行監督委員会委員長のヌイ委員長は二〇一四年三月一八日にたとえ話を出しながら注意を促しています。家が燃えている時に消防隊は市役所から指示があるまで出動を見合わせるようなことがあってはならない。消防隊は火事が起きたらすぐ出動しなければならない。水とホースもいる。言いかえれば単一銀行破綻処理機構ＳＲＭはすぐに破綻処理基金を使い、また一つの週末にかけて整理を実行しなければならないのはもちろんのこと、一国レベルと欧州レベルでのハッキリとした財政的後ろ盾を確保することが必要であるというわけです。ヌイ委員長はメンバー諸国が行った強いコミットメントを守るように求めています〈ECB, Hearing〉。

しかし今回の最終合意でも、本書が強調しているとおり、銀行同盟の難点は何も解決されていません。たしかに破綻処理基金も使い勝手がよくなります。先の加盟国案では八年間に基金を段階的に積み上げて最終的に五五〇億ユーロにします。とはいえこの基金の共同使用には制限がかかるのです。ドイツは基金の共有化は国家間の条約で処理できることにしています。たとえばイタリアの銀行が破綻したとしても、ドイツが積み立てた分がイタリアの破綻銀行の処理に完全に使えるのは八年後です（図２―２）。それまでは部分的にしか使用できないのです、そして銀行発行の債券保有者が保有債券のヘアカットが緩和されると（損失負担の軽減）、基金への責務はなくなります。これはドイツにとって自国が望まないルールに多数が賛成した場合の保険になります。ただこの条約は欧州議会は違法とみており、一部の欧州議会の議員はこの種の国家間協定に法的に異議をとなえるそうです。（『ＦＴ』二〇一四年三月二一日、『日経』二〇一四年三月二一日）。

こうしてみると実に奇妙な銀行同盟です。本書が先にアメリカの連邦預金保険公社ＦＤＩＣの意義を紹介したとおり、たとえばカリフォルニア州が財務省に代わってウェルスファーゴに公的資金を供給することはありません。あるいはシティグループを支援しなくてはならないという状況があるとしても、それはニューヨーク州でなく連邦レベルで対応します。連邦機関はローカル・レベルの金融危機がシステミック危機に発展することを防ぐのです。

ところがユーロ銀行同盟ではこれができない。ドイツの資金はイタリアの銀行破綻処理に使うのに大きな制限がかかる。だから同盟の名に値しません。しかも基金自体五五〇億ユーロの金融危機対策には小さすぎる。さらに言えば、それを埋め合わせる公的資金投入の方法も何も検討されていない（図２―２）。

この基金は借り入れもできるかどうかも不明です。なぜなら整理委員会の総会では、同基金が借り入れることを拒否できるからです。ＳＲＭ規則において各国間の協定が施行されるのは、ＳＳＭ／ＳＲＭ参加国のうち、単一の基金への拠出が八〇％以上となる加盟国の承認の得た後のことです〈Counsil of the European Union〉。

たとえば、破綻処理機関は資金が涸渇してもESMから借り入れることはできません（図2―2）。これで果たして銀行同盟といえるのか？　ロンドン・スクール・エコノミクス大学のグロウェ教授は銀行同盟には欠かせない十分な資金が備わっていないので、銀行同盟は存在しないに等しい、したがって、「金融危機が再び起きたとしても、二〇〇八年と同様に各国が個別に対応することになるだろう」とのコメントを出しています（ロイター報道：二〇一四年三月二〇日）。

欧州委員会銀行委員会のバルニエ委員長ですら、銀行同盟は妥協の産物であることを欧州委員会の声明で吐露しています。二〇一四年三月二〇日の最終的合意による妥協でユーロ圏の銀行同盟の構築が完成しても、単一銀行破綻処理機構SRMは完全な構築物ではないというのです。もちろん、今回の妥協は原則の目的に応じており、ユーロ圏でクロスボーダー業務を手がける銀行を時宜に適い効果的に整理できることになると強調することを忘れていませんが。

ここで再度、グッドハートの主張を紹介し、それに追加解説しておきます〈Goodhart：15-16〉。金融危機やシステムリスク危機、銀行救済には財政負担を伴います。マーストリヒト条約は財政政策を一国政府に任せています。銀行同盟構想でもこれに変わりありません。国民の預金を支払うこと、同国に本店をおく銀行を救済することなどへ責務を感じない一国政府はいないでしょう。だから一国国家は自身の国家的監視機関を保持したいはずです。ですから銀行同盟ができたからといってハイそうですかといってそれを手放すというわけにはいかないはずです。

今回の妥協の産物の銀行同盟構想は、統一通貨がありながらもそれに欠かせないはずの財政同盟が抜け落ちている一国財政主義から抜け出せないユーロ体制の限界を改めて浮かび上がらせることになったわけです。結局、ボタンのかけちがいのつけが回っているわけです。米国のように連邦政府レベルで財務省と中央銀行が密接に連携する関係のないユーロ体制では、ユーロ・レベルのクロスボーダーの金融危機が発生しても米国のように連邦レベルで組織的効率的に対応できないのです。

第3章　ドイツのユーロ銀行同盟に対する姿勢……ユーロ圏の盟主は銀行同盟に実質上、反対

1　ドイツが銀行監督権の実質を自国に保持し、ECBに渡そうとしないわけ

それはドイツの地方銀行と地方の政治家の密接な利害関係から説明できます。

ドイツの姿勢で目立つ点は銀行同盟をますますハイブリッド化する動きです。ドイツは小さな地方銀行をECBによる単一銀行監督の対象から隔離したいのです。なぜなのでしょう？　ドイツの地方金融機関は地方レベルの政治家の主な金融サポーターだからです。ドイツの中小金融機関は銀行システムに占める割合が高く、政治家との結びつきが強いのです。貯蓄銀行グループの資産や負債はドイツの金融の半分のシェアに及び、役員の多くは地方政府の要人や政治家が就任するなど、地方政治と強くつながっています。貯蓄銀行、州立銀行の出資者は地方公共団体であり、これらの銀行は公共団体に影響力のある地方政治家と密接に結びついています。この関係により地方銀行は既得権益の維持

を図り、その対価として政治家も地方銀行へプロジェクトの融資を求めたり、政治活動の支援を求めるわけです。地方銀行は政治家を通じ連邦政府へも大きな影響力を持てるということになります。ドイツ政府もＥＣＢの監督の範囲がこのような地方銀行に及ぶことは好みません。

ドイツ政府は地方銀行の問題はドイツ国内の問題として処理してきており、欧州レベルの問題とはならないと主張しているくらいであり、ドイツの銀行の多くは実質的にＥＣＢの監視体制の枠外なのです。ＥＣＢは二〇一四年一一月から監督機能を担うことになっていますが、その直接の対象は一二八の最大手の銀行だけにすぎません。残り六〇〇〇のユーロ圏の銀行のうち、二〇〇〇はドイツの貯蓄銀行であり、それらの監視は一国の監視当局、つまりドイツの手にあるのです（『ＦＴ』二〇一三年一一月九日＆一〇日、〈Karkagiannis〉）。たとえばドイツのトップ銀行（ドイツ銀行、コメルツ銀行を含む）はドイツは住宅バブルではないので、住宅ローンの詳細をＥＣＢに提出しなくてもよいし、州立銀行は数は多いが小さいのでＥＣＢの検査に含まれません（『ＦＴ』二〇一四年三月一一日）。

ドイツの場合、貯蓄銀行で問題が起きた時は他の貯蓄銀行が扶助する仕組みです。貯蓄銀行や共同銀行はそれぞれが業界全体で債務を連帯化して相互支援を行う仕組みであり、業界のなかで経営困難になった銀行が出た場合にはこの相互支援制度により当該銀行再建のために必要な資金を供給するのです。システミック・リスクの問題が起きれば、貯蓄機関は全体で一つの大きな金融機関として対応します〈井上：一七〉。実際、二〇〇七〜二〇〇八年の世界金融危機が起きた時、一部の州立銀行は米国発のサブプライムローン証券化取引で破綻しましたが、貯蓄銀行、共同銀行はその危機を大過なく乗り切ってきた実績もあり、現状のシステムを維持したい意向が強いのです〈〈天野：二四：井上：一七〉〉。これが自国の州立銀行をECBの直接監督の対象外とし、監督権限を自国にとどめたい理由です。また自国の金融危機は自国で処理してきた実績の裏付けもあります。ドイツはユーロ圏周縁国よりも財政的余裕があるわけです。

2　単一化で推進すべきユーロ銀行同盟に逆噴射をかけるドイツ
…銀行破綻処理の権限を自国に保持し、欧州委員会への委譲を嫌うわけ

だから本来ユーロで単一化するはずの銀行破綻処理方式に対しドイツは逆のハイブリッドの方向へと逆噴射をかけます。そのため銀行の破綻処理方式をめぐり、ユーロ圏諸国では対立が起きます。フランスは破綻した銀行にとって単一の中央の救済資金を含む取引が不可欠であると主張するのに対し、ドイツは各国の基金のネットワーク化を唱えます。なぜならEUの諸条約はすべての欧州に対して単一の決定機関を許していない、あるいは破綻処理の権限が各国レベルからユーロ・レベルに移行することは法的根拠が薄弱であり、予算の国家的統制を危うくする。こうした論拠により、ドイツの

ショイブレ蔵相は欧州委員会に銀行破綻処理方式を汎ユーロへと単一化することは見直すべきであると主張したのです。

たとえば、二〇一三年九月一四日の時点、ショイブレ蔵相は単一整理基金五五〇億ユーロの創設に反対していました。欧州委員会が銀行整理の最終的発言権を持つことにも反対です。破綻した自国の銀行の処理は自国の手中に納めようとしたのです〈Bloomberg〉。EU法上、銀行の破綻処理を決定する権限は欧州委員会には与えられていないという立場をドイツは維持しつづけたいのです〈天野：二〇一三〉。

そしてドイツは折衷案を出します。一方では単一の整理基金をおき、その傘下に各国基金のネットワークをしくという提案です。二〇一四年三月二〇日の最終合意案はまさにドイツのごり押しがとおっています。破綻機関の整理基金は共同基金と各国の基金から分離構成されるコンパートメント方式のハイブリッド方式で成り立つ代物になりました（図2－2）。このドイツの交渉方法は実にしたたかです。破綻した銀行を整理する主な権限は欧州委員会にあるとして、形のうえでは欧州委員会に反対しなくなりました。しかしその場合、公的資金や巨額の救済資金調達が必要でない時に限るという条件を付けているのです。

また銀行への課金で資金調達する単一のユーロ圏の破綻銀行整理基金案にも理解を示すようになりましたが、これにもきつい条件を付けています。あくまでも当該国銀行の株主、債権者や各国レベルの救済基金が損失を負担し、それでも足りない場合だけ欧州レベルの単一救済基金の動員を認めるのです。

ここで実際にできた銀行破綻処理基金の内実を再確認しておきましょう。本来は共通になるはずの基金がユーロ共通部分とユーロ各国が使用権利のあるコンパートメント方式が両立するハイブリッド方式に変容しています。そしてこのコンパートメントにあるドイツの基金を他国が使用するのは政府間交渉に委ねられます。要するに、ドイツは他国の銀行処理のために自国が負担することに反対しているわけです。

これではユーロが本来目指している銀行同盟にはなりません。本来の銀行同盟はぜい弱な国が銀行システムの問題に単独で対処しなければならない状況を回避するために各国がリスクを共有するはずのものです。この点『FT』紙も問題にしています。今回の案ではユーロ圏のメンバーは銀行を救済したり整理する場合に負担を分かち合うという約束が忘れられているというのです。だからユーロ圏は次の危機が起きるまで欠陥のある銀行同盟を守り続けるリスクを冒すことになるので非常に問題だらけの銀行同盟であると断じています（『FT』二〇一四年三月二四日）。ユーロのシンクタンクのブリューゲル所長のガントラム・ウルフも「これでは金融と財政の負の連鎖は断てない」（『日経』二〇一三年一二月二一日）と批判していたのも当然でしょう。

ドイツは国内の銀行や納税者が他のユーロ圏加盟国の損失を肩代わりするリスクを最小限に抑え

たい考えを貫いたわけです。ドイツはすでに昨年暮れの時点、単一救済基金案そのものにも異義を唱え、この基金を認める署名をするためには欧州レベルの法を変更する必要があると主張し、また、銀行整理の権限を一国レベルからユーロ・レベルに移行すると株主などからの法的訴訟を受ける危険があると指摘していました（『FT』二〇一三年一一月九＆一〇日、一八日、一二月一〇日、『ロイター』二〇一三年一二月一一日）。

こうしてドイツの主張の実質がとおり、ユーロ銀行同盟が機能する上で不可欠になる破綻処理権限の一国レベルからユーロ・レベルへの移行には制限がかけられたままなのです。ユーロ共同の資金の使用に制限をかけようとするドイツの態度はさらに徹底しています。この破綻処理基金が機能する以前の、過去の監督のもとで生じた不良債権（legacy assets）の処理にESMを利用することにも反対なのです。レガシー資産に対応する銀行の資本注入の負担はESMでなく該当する銀行の本国政府に求めています。スペイン、アイルランドは自国の負担で自国の銀行へ資本注入してきた分が、ESMによる直接資本注入が稼働する以降はESMに肩代わりされると期待していたのですが、この期待通りになるかどうかも不明なのです〈天野：二六〉。

ESMの資本注入の条件として、銀行同盟による一元的監督が始まる前に発生している不良債権（レガシー資産）の対象をどこまで含めるのか、それは二〇一三年前半のできるだけ早い時期に合意されるべきことになっていましたが、ユーロ・レベルでは明確な合意に至っていません。預金保険単一化についても、過去の問題に預金保険を適用するのは保険事故が起きた後に保険に入るようなものであるという態度なのです〈井上：四〇〉。

このようにレガシー資産問題に関するドイツの態度をみても、銀行同盟は名前に反し一国主義的な色彩を払拭できていません。ドイツの主張の実質がとおり、レガシー資産に伴う処理は一国政府の責任のままとされ、銀行同盟はユーロ共同レベルでなくユーロ各国の国内問題処理にとどまっているのです。「同盟」からは皮肉の棘がとれないようです。

3　銀行同盟協議で孤立したはずのドイツが大勝利

さらにドイツを利する事情があります。銀行破綻処理でＥＳＭの資金を出すには満場一致の必要があります。ＥＳＭによる銀行資本注入に対して、大きな債権国が拒否権を発動すれば、ＥＳＭは宝の持ち腐れになります（図２－２）。ドイツは他国の銀行の不始末のために自国が負担するのはけしからんというわけですが、このようなドイツなどの主張が通るとすれば、銀行同盟は実質上、ユーロ共通の財政的後ろ盾のない銀行同盟になってしまいます。結局、ベイルイン方式を純化すればこういうことになるのです。はたしてこれで一体銀行同盟は機能するのか？　公的資金の活用という後ろ盾がなければユーロ金融危機対策にもなりません。それは銀行同盟でも何でもないでしょう。

ＥＣＢ総裁ドラギによれば、銀行破綻における損失の負担の順番は民間の資金、次に一国レベルの公的歯止めであり、その後の最後の拠り所となるのがＥＳＭなのですが、このＥＳＭの生殺与奪の権がドイツの議会ににぎられているわけです（『ＦＴ』二〇一三年一〇月七日、一二月一六日、ドラギ：二〇一三年一二月一六日）。

このようなドイツなので、銀行同盟をめぐる二〇一三年一二月一六日のユーロ蔵相会議でドイツのショイブレ蔵相は完全に孤立していました。他の一六カ国との蔵相会議では普段は数カ国の蔵相がドイツに味方するのに、今回はそれもないほど異例の状況だったのです〈Schmitz〉。

にもかかわらず孤立しているはずのドイツの主張が通ったわけです。この案では破綻した銀行を速やかに処理できるのか、速やかに整理の資金を確保できるのか？　基金が涸渇した時にどうするのか？　それらが未定のままです。二〇一四年三月二〇日の最終合意の時点でも同じことです。整理基金がたとえ完全に積み上げられたとしても、それが信頼を保持できるためにはさらに共通の財政的後ろ盾が必要のはずなのに、その資金を調達できる手立ても合意されていないのです。合意されているのは、二〇二五年までに基金への共通の公的歯止めを設立することだけです。しかも基金が全額積み立てられる時までの期間に簡単に利用できるクレジットラインも決定されていない。だから過渡期に金融危機が起きた場合でも、それに対応できるのかどうかも不確定なのです。したがってＥＣＢ副総裁コンスタンティオは二〇一三年一二月一八日の時点でも、ドイツ色の強い銀行同盟案を批判し、整理基金が市場から資金を調達できる体制を求めていました（『ＦＴ』二〇一三年一二月一九日、

〈Merler&Wolff：3〉)。

ＥＣＢ総裁ドラギもドイツの姿勢に批判的です。たしかにドラギは銀行整理の場合、民間のリスク負担が優先されるべきであり、公的資金供給は「例外的な状況だけ」であると強調しています。しかしそのまさに公的資金の投入が必要になる場面を想定しているのです。ところが公的資金の活用の方法に関し何も決められていません。単一の銀行破綻処理・整理メカニズム（ＳＲＭ）が資金を調達するのか、また政府がどれくらい関与するのか未だに何も知らされていないのです。

これではたして銀行危機とソブリン危機の連鎖が断てるのか？　実際、ドラギは整理基金規模の達成の目標が一〇年間となっているのは長すぎると批判し、五年に短縮するよう求めていたくらいです（結果は八年に短縮）。また公的資金という後ろ盾も求めます。ドラギの説明によれば、基金が市場から借り入れて、これを問題銀行に資本注入し、後に銀行部門から徴収する課金でこの借り入れを返済すればよいので、この方式はベイルアウトにはならない、だから税金の移転にもならないというのです。米国の連邦預金保険公社ＦＤＩＣの例のとおり、市場からの調達は銀行に対する将来の課金で返済できるというわけです（ドラギ：二〇一三年一一月二二日、二〇一四年二月一二日）。

ＦＤＩＣの場合、資金は加盟銀行の課金から成り立っており、しかも税金の支えがあります。必要な場合、財務省がＦＤＩＣへクレジットラインを供給しますが、その場合は返済が前提条件になっています。このような方式であれば、公的資金のレベルは低くてすむし、民間債権者の負担を増やし、より多くの銀行整理閉鎖がやりやすくなるはずです〈Sapir & Wolff : 9〉。ところが図０－１、図２－２のとおり、ユーロ銀行同盟はそのような手順も整っていないのです。

その理由はドイツの立場に立てば簡単に説明できます。これまでに起きた先進国の金融恐慌を思い出してください。危機で発生する負担は当該金融機関やその債権者、投資家が負うべきであるというベイルイン方式が建前上、主張されるのですが、実際の金融危機の規模はベイルイン方式だけではとても解決できません。そのような方式にこだわっていると金融危機はますます広がってしまう。だから結局、公的資金が投入されるケース、すなわちベイルアウト方式になってしまうのが大半でした。

となれば、今回もユーロ銀行同盟が始動してベイルイン方式で金融危機に対処するといっても、その危機は拡大しベイルアウト方式の導入を余儀なくさせる。すると汎ユーロ・レベルで公的資金が投入されなくてはならない。ところが公的資金の投入を分担できる余裕のある国はユーロ圏にはあまりいない。となると負担の大半はドイツに回る。負担をさせられる可能性の高いドイツは当然、このような事態を警戒するわけです。だからドイツはユーロ銀行同盟構想にいろいろと注文をつけるのです。なにぶんにも最大の資金供給になる国ですから。ドイツ国民から民主的手続で選出されたドイツ政府首脳が責任を負うべきは自国国民や納税者であり、同じユーロ圏の他の諸国の国民に対してではないのです。ユーロ圏では通貨同盟ができても財政同盟ができないわけがここにあります。

4　財政上の余裕の差がもろに反映されるユーロ南北諸国の銀行の資金繰り状況

ではなぜドイツが銀行同盟に消極的なのでしょう。それはドイツに財政上余裕があるからです。国の財政的な余裕の差でベイルインの扱いも異ってしまいます。国家財政の余裕のない国の貧しい国の銀行はベイルインをさせられ、金持ち国の銀行は投資家を恐怖させることなく、自国の基金で銀行をベイルアウトできるのです。これでは貧しい国の銀行はますます資金繰りがきつくなるでしょう。ソブリンが弱いと見られている国の銀行の資金調達コストが上がり、そうでない国の銀行よりも不利になるのです（『FT』二〇一三年一〇月一四日）。投資家は銀行に投資する場合、リスク管理上、国家の財政の余裕のある国の銀行を投資先に選ぶでしょう。

実際、財政的に余裕のある国の銀行は資本を強化する必要性は低い。ユーロ圏の北部諸国の銀行は自国政府の安定的財政をあてにできる。政府の暗黙保証のおかげで負債を多く発行し資本発行を少なくできます。財政的に強い政府が暗黙の保証を与えて自国の脆弱な銀行を支えるので、資本比率も低くてすみます。逆に財政の弱い国の銀行は政府に頼れず、自身で資本強化するしかない。だから南の銀行は北部のそれよりもずっと多い資本と準備をもたなければならない。こうして逆説的なことに、国債金利の低い国の銀行が資本比率が低く、金利の高い国の銀行の資本比率が高くなる相関関係が現れるのです。

図3-1　ユーロ圏の銀行[1]の資本比率[2]の推移（2007-2013年，%）

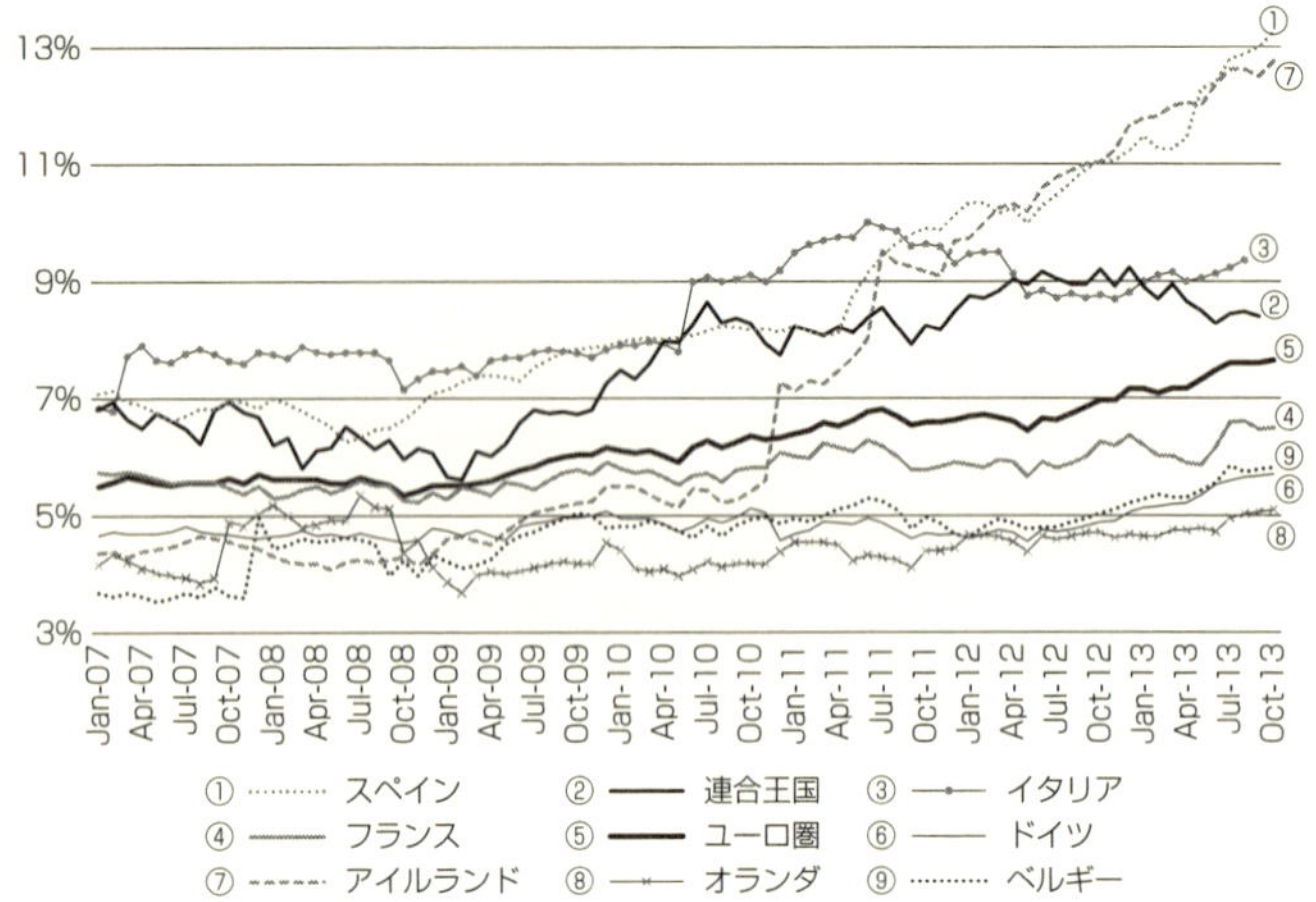

（注）(1)連合王国も含む，(2)資本＋準備金／総資産（%）。
（出典）Valiante：11, Figure 8より。

実際、北部ユーロ圏諸国の銀行は平均では周縁諸国の資本比率の半分以下です。ソブリン危機が起きるまでは北も南も資本比率は大きな差はなく、二〇〇七年に南の銀行の平均資本比率は六・九%、北は五・五%でしたが、二〇一二年には南は一〇・五%、北は五・一%で南の半分以下へと差が広がっています（図3−1）。

こうして財政上、余裕のある政府の暗黙の保証のある銀行の資金調達コストは著しく下がり、金融市場の分断化はさらに進む。OECDの調査によると、一七のドイツ最大手の銀行はこの暗黙の保証のおかげで毎年二〇〇億ユーロの金利支払いを節約できているそうです〈Grauwe & Ji : 1-3〉。

するとユーロ圏では本来目指すべきものとはまったく別の意味の金融統合が進みます。孤立化しているはずのドイツの銀行による他国の銀行の「植民地化」が進む。そう予想しているのがユーロ研究家のグロスです。図1－1、図1－2でみたとおり、二〇〇七～〇八年の世界的金融危機以降、統一通貨ユーロがもたらしたはずの金融統合は大きく後退していました。グロスの見立てによれば、この傾向は現行の銀行同盟構想が推進されても変わることはない。なぜなら、銀行の財政的支えが一国的にとどまるかぎり、ユーロ圏諸国の金融機関に同等の条件はない。財政的に強力な国の銀行は低い資本コストを活用しながら財政的に弱い諸国の銀行を買い取る〝植民地化〟が進行すると予想しているくらいです〈Gros ②〉。実にパラドクシカルな金融統合です。

5　消えた単一預金保険機構の構想
：：預金保険機構の面でも形骸化している銀行同盟

本来、破綻した銀行に対しては破綻処理と預金保険は一体的に取り組む必要があるのですが、ユーロ圏全体をカバーする単一預金保険機構は今回のユーロ銀行同盟の最終合意案（二〇一三年三月二〇日）ではまったく議論されていません。ＥＣＢ首脳によれば、ＳＲＭが有効に機能し、秩序ある整理コスト負担の方式が決まれば、預金者への補償は極端な場合しか生じない。だからユーロ全体の預金保険機構がなくても一国レベルの預金保険機構でも十分に対応できるというのです（アスムセン理事：二〇一三年六月一四日、九月四日、コンスタンティオ副総裁：七月一二日）。

ところが本来、預金保険機構は預金者保護にとどまらず、金融機関の破綻処理、金融機関の整理にも深く関わるはずです。米国のＦＤＩＣはこの整理機能の面で大きな役割を果たしました。これがアメリカ版の銀行同盟の主柱であるとＥＣＢ総裁ドラギも解説しているくらいです〈二〇一三年一〇月九日〉。しかし、ユーロ圏には米国のＦＤＩＣに相当する機関や体制はない。しかもＥＣＢは実に楽観的であり、二〇一三年一一月においても「ヨーロッパにおける共通預金保険基金の起ち上げは中期的目標と見られている」〈ECB, FSR, November 2013 : 101, 105〉と指摘するだけです。

金融危機における預金保険機構の役割は重要なのです。それがユーロ銀行同盟の場合、米国のＦＤＩＣのような単一の預金保険機構はない。破綻した金融機関の処理における預金保険の役割は預金の払い戻しばかりか、それ以外の破綻処理費用を負担する可能性がある。破綻した金融機関に早期介入する場合、預金保険機関の関与も予想されます。破綻前ばかりでなく破綻整理の段階でも破綻処理当局との協力も必要です。ベイルインの決定や資産・負債を評価する際、預金保険機構も関与するはずです。銀行を存続させるという前提で預金保険基金の負担で資本注入などを実施しても、実際には破綻予防が失敗しペイアウト（破産・清算）に移行することになって、当初の予防などの費用分やペイアウト時の保険金を二重に支払うことになるかもしれません〈鈴木：五八〉。

しかもＥＵの金融機関はクロスボーダーで業務している。だから預金保険の範囲や水準は統一化する必要があるはずです。ところが二〇一四年春の時点でも預金保険制度に関しユーロ圏内でも意見がまとまらない。ユーロ参加国間の財政統合の裏付けもなく各国の資金負担の合意もないのです。

このような事情があるのでしょう、欧州委員会は二〇一三年九月の時点に、これまでに一国の整理基金を持っている国に対しその資金を欧州の整理基金へ移すことを求めていません。各国はこの資金の使用に関する決定は自由であり、単一整理メカニズム（ＳＲＭ）は加盟国に自国自身の財政からＳＲＭに資金を回すことを求めることはできないと明記し、また預金で金融している銀行（多くの貯蓄銀行や共同銀行）の実質的な拠出は非常に少なくてすむと説明しています〈European Commission, SRM〉。

預金保険制度の場合、欧州経済圏（ＥＵ＋ＥＦＴＡ三カ国（アイスランド、ノルウェー、リヒテンシュタイン）は同圏内に本店を有する金融機関の欧州経済圏内支店の預金は母国の制度で保護されるという相互主義に基づく取扱になっているのですが〈鈴木：六一〉、クロスボーダーの金融機関の破綻処理もクロスボーダー的になるはずなのに今回の合意でもその取扱は不明のままなのです。

さらに驚くことに、銀行同盟案の銀行監督対象から保険事業者は除かれています。二〇一三年九月三〇日、ＥＣＢクーレ理事は、もし銀行のかなりの債務の部分を他の銀行やシステム上重要なノンバンク（たとえば保険会社）が保有しているような場合、銀行とノンバンクのリスクの絡みを理解し、必要な場合、そのようなリスクに限度を設ける必要があると言及しているだけです。しかしながら、二〇〇八年秋の未曾有の世界的金融危機においては、銀行外のノンバンクの世界最大の保険会社ＡＩ

Ｇのデリバティブ取引の行き詰まりとＭＭＦの元本割れによる取り付けさわぎにより、世界の多くの銀行は支払不能危機に追いやられたのです〈米倉、二〇〇九：三〇〜四二、六五〜七三〉。そのノンバンクと銀行との関連を追う単一の監視体制もユーロ圏にはないのです。

結局、ユーロ銀行同盟構想において預金保険の一元化は先送り扱いです。銀行同盟は単一規制・監督と単一整理・処理、単一預金機構がセットで機能するはずなのに。むしろドイツ連銀は共通の預金保険基金の導入は財政同盟につながり、各国の財政・経済の主権が侵害される預金保険の欧州化につながると警戒しています。単一銀行監督機構（ＳＳＭ）、単一破綻処理機構（ＳＲＭ）が金融市場の安定に貢献すれば、預金者への補償の現実性は減るという論法です〈DB Monatbericht：34；European Commission Memo ②：8〉。共通預金保険の議論さえ不要とみるくらいです。すでにみたとおり、ＥＣＢも単一の預金保険機構を「中期的計画」扱いにしています。

６　銀行同盟が混迷する根底要因
：単一方式のはずの銀行同盟はハイブリッド方式そのもの

以上確認したとおり、銀行同盟構想においてはドイツの主張がとおり、銀行同盟の柱をなす銀行破綻処理基金は欧州レベルの単一機関とは名ばかりのものに終わっています。図２−２のとおり、単一破綻処理機構（ＳＲＭ）にある単一破綻処理基金（ＳＲＦ）も単一機関と各国の機関のネットワーク（コンパートメント方式）が並立するハイブリッドになっているのです。単一破綻処理機構（SRM）が効果的になるためには、整理のための単一制度、単一の整理委員会、単一の整理資金が欠かせないはずですが〈ECB, FSR, November 2013：105〉。

この点、ドラギECB総裁も問題視しており、そうした制度には単一制度、単一機関、単一基金という三つの要素が不可欠であることを力説し、名前だけの単一のSRMでない、「しっかりとしたSRMを早急に構築するよう」欧州議会と欧州理事会に求めていました（二〇一三年一二月一六日）。

ところが、結果はそうなっていません。ECBの主導するストレステストも基準はマチマチです。ベイルインの手順も、銀行整理基金の資金確保の点も、またもろもろの条件に邪魔されて直接資本注入もできなくなる恐れがあります。この点、『FT』紙はあるEU高官の不満を紹介しています。「援軍が丘を駆け上がっているのは嬉しいことであるが、それを乗せて丘に上がってくる馬が不足している」（『FT』二〇一三年一〇月七日）。ドラギは第七騎兵隊を率いるカスター将軍の心境なのではないでしょうか？

実はIMFも二〇一四年四月に筆者と同様の懸念を示唆しています。SSM、SRM、預金保険は共通財政的後ろ盾で前進させる必要があるが、ESMによる直接的資本注入の様式が明確になっていないことを指摘し、これ抜きにはソブリン問題と銀行問題の連鎖には対処できないと記しているのです〈IMF, GFSR, April, 2014：43〉。

7　欧州経済通貨同盟（ＥＭＵ）は飛べない鳥ｅｍｕ？

マーストリヒト条約の問題点は何であったのか？　ＥＣＢ理事メルシュはこれを切開しています（二〇一三年一一月一五日）。それは、財政政策が各国レベルにとどまっていた点に尽きるそうです。安定成長条約があったものの、各国の財政の秩序の欠如が助長されてしまった。また、銀行部門のシステミック・リスク（国内、クロスボーダーのいずれも）に対処する制度的枠組みもなかった。実際、一九九〇年代初めにもシステミック・リスクの概念はほとんどなかったというのです。

例えば、二〇〇八年に欧州で金融危機が広がった時、二七カ国からなるＥＵの銀行には二七の異なる規制体制があった。もちろん、限定的ながらＥＵの最低ルールと調整方式はあったが、いずれにしろ、これでは大きなクロスボーダーの銀行の破綻に対処できるはずがありません〈European Commission Memo ②：1〉。

では銀行同盟の導入でマーストリヒト条約の欠陥は是正されるのでしょうか？　単一銀行破綻処理機構の内実をみるかぎり、かなり危ういでしょう。銀行同盟の有無に関わらず、ユーロ圏のソブリン危機と銀行危機の負の連鎖の根因にも手つかずのままなのです。葉っぱを切っても枝、幹、根にも手がつけられていないわけです。

このように萎縮するＥＭＵは文字どおりｅｍｕ（空を飛べない地をはう鳥の一種）の状態です。周知のとおり、EUが目指すEMU（経済通貨同盟）では通貨同盟が先行しました（＝単一通貨ユーロの誕生）。しかしこのユーロはEU全体には採用されていません。しかもEMUの頭にあるEで始まる経済同盟に関し、大半のEU諸国、ユーロ圏諸国はその実現を本気で望んでいません。経済同盟には各国の財政を統合する財政同盟が不可欠となるはずなのに、EUあるいはユーロ圏諸国の有力国は財政主権をユーロ・レベルに委譲する気はさらさらありません。

意外に理解されていないことですが、ユーロという統一通貨が導入されたといってもユーロ圏諸国は通貨主権を委譲しているわけではありません。たしかに金融政策は超国家機関ECBに委譲されていますが、通貨主権は各国政府にとどまったままなのです。単一通貨ユーロを法定通貨とする権限やユーロ銀行券発行の権限はECBでなく各国政府や中央銀行に属したままなのです（図1－5）。ECBは銀行券を発行していない奇妙な中央銀行機関なのです。各国はそれまでの法定通貨をユーロという名前に変更しただけのことなのです。ユーロ銀行同盟が同盟としての実質を欠く根底の理由の一つがここにあるでしょう。これについては第6章で改めて論じます。

第4章　ＥＣＢ総裁ドラギのマジック
……二〇一二年夏のユーロ崩壊危機を阻止したドラギの巧みな戦術とターゲット2不均衡問題

1　二〇一二年夏のユーロ危機の真相
……統一通貨ユーロが瓦解し弱小通貨に転落してしまう元の木阿弥リスク

ＥＣＢ総裁ドラギが打ち出す危機対策は魔術のようです。二〇一二年夏、ＥＣＢは一ユーロも支出することなくユーロ瓦解危機を解消させたからです。当時、ユーロ不安は絶頂にあったのです。ユーロが瓦解し元の弱小通貨群となる、テール・リスクの恐れですが、このパニックの内実について日本ではあまり報道されていませんでした。もっぱら注目を集めたのはドラギの力強い決意表明です。すなわち、「ＥＣＢの権限内で、ＥＣＢはユーロを保持するためには何でもやる用意がある」（二〇一二年七月二六日、ロンドン）という声明です。しかしこの声明を取りあげた報道は早とちりしています。実は「何でもやる」だけが一人歩きし、「ＥＣＢの権限内」という部分は報道されていません。この点、ドラギは皮肉を込めて、「何でもやる」はあくまでも「ＥＣＢの権限内」のことであることを報道陣へ五回も念を押していたのですが。

いずれにしろ、ドラギ声明やそれに呼応するＥＣＢによる国債無制限購入策ＯＭＴ（Outright Monetary Transactions：残存期間三年以内の既発国債購入＝流通市場で購入）によりユーロ危機は大幅に緩和され、現在に至っています。

しかも意外なことにこのＯＭＴによるＥＣＢの国債購入額はゼロなのです。にもかかわらず大きな効果を発揮しました。その理由について記者から質問を受けたドラギはまんざらでもなかったようです。「自画自賛しないで質問に答えるのは難しい」と返答しています（二〇一三年九月五日）。

本章では、第一に、日本ではあまり報道されていなかった二〇一二年夏のユーロ危機（ユーロ瓦解）の実相をふり返り、ＯＭＴの意義を明らかにします。ＯＭＴの真の狙いはユーロ瓦解危機の阻止にあり、従来のソブリン危機対策（国債価格の暴落阻止）にとどまらなかったのです。第二に、日本で広く紹介されていたターゲット2不均衡問題を取り上げます。この不均衡がユーロ瓦解危機の鏡になっていたからです。第三の論点は、このＯＭＴの成果を引き継ぐ銀行同盟構想とＥＣＢの関連です。ＥＣＢが銀行同盟構想に何を託しているのかを明らかにしていきます。ＥＣＢはユーロ圏諸国の主権の内実の大幅な変容を迫っているのです。

二〇一二年七月二六日のドラギ声明において、ドラギはソブリン債務デフォルト・リスクとは別のリスクプレミアムに言及しています。それは通貨交換性喪失リスク（the risk of convertibility）のプレミアムです（currency redomination risk とも呼ばれる）。わかりやすくいえば、統一通貨ユーロがバラバラになり複数の弱小通貨に転落するリスクのことです（『ＦＴ』二〇一二年八月七日）。本書はこれを通貨の「元の木阿弥リスク」と呼んでいます。

この二つの複合したプレミアムが発生すると、ユーロ圏諸国間の金融分断化が助長されます。国債、銀行債を問わず周縁諸国と中枢諸国間の利回り格差が拡大し続け、周縁諸国の銀行は市場で資金調達できなくなる。これでは本来一つの通貨で統一されているはずのＥＣＢの金融政策の伝導径路（transmission channel）にも支障をきたします。ＥＣＢは金融政策の舵取りができなくなるのです。ユーロ圏におけるＥＣＢの単一の金融政策（「一つですべてにフィット」）が「すべてにフィットしない一つ」になってしまったのです（クーレ理事：二〇一三年九月二日）。まさにユーロ圏内の金融分断化でしょう。だからこそドラギは「何でもやる用意がある」という異例の声明を出したのです。

ユーロ圏の金融分断化の徴候は二〇一一年の後半から現れ始めていました。それは同年末にかけて次第に強まり、ユーロ圏にクレジットクランチ（信用のひっ迫）が全面的に広がったのです。民間の金融機関、特にユーロ周縁諸国のそれは市場で資金を調達するのが非常にきつくなっていました。そこでＥＣＢは二〇一一年末と二〇一二年初めの二回にわたり、期間三年の超低金利の資金供給（Long

Term Refinancing Operations）を実施しました。流動性欠如による銀行危機の可能性に対応したのです。このLTROはしばらくの間、金融市場を落ち着かせました。

ところが二〇一二年の四月末以来、ユーロ圏諸国間の金利格差はソブリン債、銀行債、社債、貸し出しにおいて広がります。特にユーロ周縁諸国（スペインとイタリア）のユーロが売られる事態となり（別の国のユーロへ乗り換え）、両国の債券のリスク・プレミアムが異常に拡大したのです。

異常なのにはわけがあります。それはユーロ債券がデフォルトするリスクばかりでなく、切り下げられた通貨で支払われてしまうという通貨リスクが加わったからです。従来のデフォルト・リスクに加え、ユーロ瓦解による通貨の元の木阿弥リスクもリスクプレミアムに織り込まれたのです。当然、投資家は現存ユーロ諸国のメンバー構成ではユーロがもたないと予想し、そのリスクの補償を求めます。

その結果、スペイン債、イタリア債を保有する投資家が求める補償は一年前の二倍近くになります。二〇一二年七月、二年物のスペイン、イタリア国債の対ドイツ国債スプレッド（利回り格差）はそれぞれ五％、四％あたりに拡大しました。このうち、通貨の元の木阿弥リスクプレミアムは二％にも拡大します。しかも両国の銀行は市場ベースで資金を調達できなくなってしまいます。たとえば、二〇一二年四月－七月の間にスペインの銀行が発行する債券は三六〇億ユーロが満期になっても、そのうち新規発行できた分は五億ユーロにすぎなかったのです（アスムセン理事：二〇一三年六月一一日、一四日、クーレ理事：九月二日）。ユーロ圏諸国の間で各国の国債利回りの格差が広がるのはユーロ自身を否定することになります。なぜならユーロ参加のためには長期国債金利の高い諸国は低い諸国のそれより二％以上高くならないよう調整することが条件になっていたからです。

２　ユーロ瓦解を恐れるユーロ逃避
：ユーロ圏の南から北へのユーロ逃避は通貨減価リスク回避

では次にユーロ逃避に走る銀行の行動を追ってみましょう。これは銀行の本国がユーロ圏か否かで大きな違いが出てきます。ユーロ圏に属さない国際的銀行は元の木阿弥リスクに対し、ユーロ圏内諸国の債務の増加、資産の減少によるバランスシート調整で防衛しようとします〈Gecchetti, McCauley & Mcguire：7〉。

その一例が連合王国（英国）の銀行の行動です。この点は第一章二節でも紹介しておきましたが、ここではもう少し詳しく説明します。ＥＣＢアスムセン理事によれば（二〇一二年六月一一日）、連合王国の金融監督機関は自国の金融機関に対し、ユーロ圏の崩壊の事態に備えるよう助言していたそうです。実際、バークレイズ銀行グループは二〇一二年の六月末までの半年間にスペイン、ポルトガルでＬＴＲＯを八二億ポンド引き出したり、預金を追加させ、ユーロ債務を増加させています。これにより、スペインでは純債権は一二一億ポンドから二五億ポンドへ、ポルトガルの純債権は六九億ポンドから三七億ポンドに減少したのです。連合王国の銀行は二〇一二年末、ユーロ圏の脆弱なソブリン諸国へのエクスポージャーを二〇一〇年に比べほぼ半減させています。ロイズ銀行グループの場合、二〇一二年四月にスペインのリーテール業務を売っています（その資産額は約一五億ポンド）〈BoE, Jun. 2013：25；Gecchetti, McCauley & Mcguire：10〉。

次はイタリアの場合ですが、バークレイズ銀行グループは通貨変更リスクは低いと判断し、二〇一二年六月末までの六ヶ月間にイタリア・ユーロの債務は特に増やしていません。通貨変更の可能性が出た場合は、入手できる担保を活用してイタリア・ユーロ債務を増やせばよいからです。結局、二〇一二円前半、連合王国の銀行はスペイン、ポルトガルの現地通貨建て債権をおよそ二〇〇億ユーロ減少させていましたが、同期間イタリアの現地通貨建て債権には大きな変化はありませんでした〈Gecchetti, McCauley & Mcguire：10〉。

もちろんユーロ圏の中枢諸国の銀行も元の木阿弥リスク対策のために周縁諸国の純資産を減少させています。ドイツ、オランダ、フランスの銀行の場合、連合王国のそれと対照的に、スペイン、イタリアの債権を急減させています。たとえば、ＢＮＰパリバのイタリアの子会社は二〇一二年九月三〇日までの一年間に預金残高を三・五％増加させる一方（企業預金は一六％増加）、現地貸付を四・七％減少させています。また同行のベルギーのリーテール金融機関の預金は一〇二五億ユーロ、ローンが八四四億ユーロとなっており、これは過剰な預金受け入れであると批判されていました。

イタリアの債権がベルギーへ転記されたためであるという穿った見方もあるくらいです〈Gecchetti, McCauley & Mcguire：10〉。

このように、ユーロ周縁諸国に対して純債権を持つ諸国の銀行はそれを減少させていたのですが、その一方でドイツ資産の選好を強めます。同じユーロの国でも、通貨変更の恐れのある国のユーロ・ポジションを下げ、通貨変更の恐れのない国のユーロ・ポジションを上げるのです。これは実に異常な事態です。なぜならユーロ圏インターバンク市場で本来ならば資金の出し手となるはずのドイツの銀行が資金の取り手に逆転するからです。これがいわゆるターゲット2インバランス問題として浮上します〈Gecchetti, McCauley & Mcguire：12〉。

3　ユーロ圏の金融活断層の亀裂の深まりを示すターゲット2不均衡問題
：銀行間市場の資金繰りの行き詰まりを映し出す鏡

ユーロ圏のソブリン危機・銀行危機の同時進行に関し、ＥＣＢ総裁ドラギがもっとも懸念した点は金融市場の分断です。図４－１がその不安を裏付けています。ソブリン債務問題の渦中にあるユーロ五カ国は二〇〇九年九月から二〇一二年九月までの間に民間銀行借入が急減し、他方ではＥＣＢ借入など公的部門からの資金供給への依存を強めていたのです。要するに民間から資金調達できない金融

図 4-1　ギリシャ，アイルランド，イタリア，ポルトガル，スペインに対するユーロ圏の資金供給源

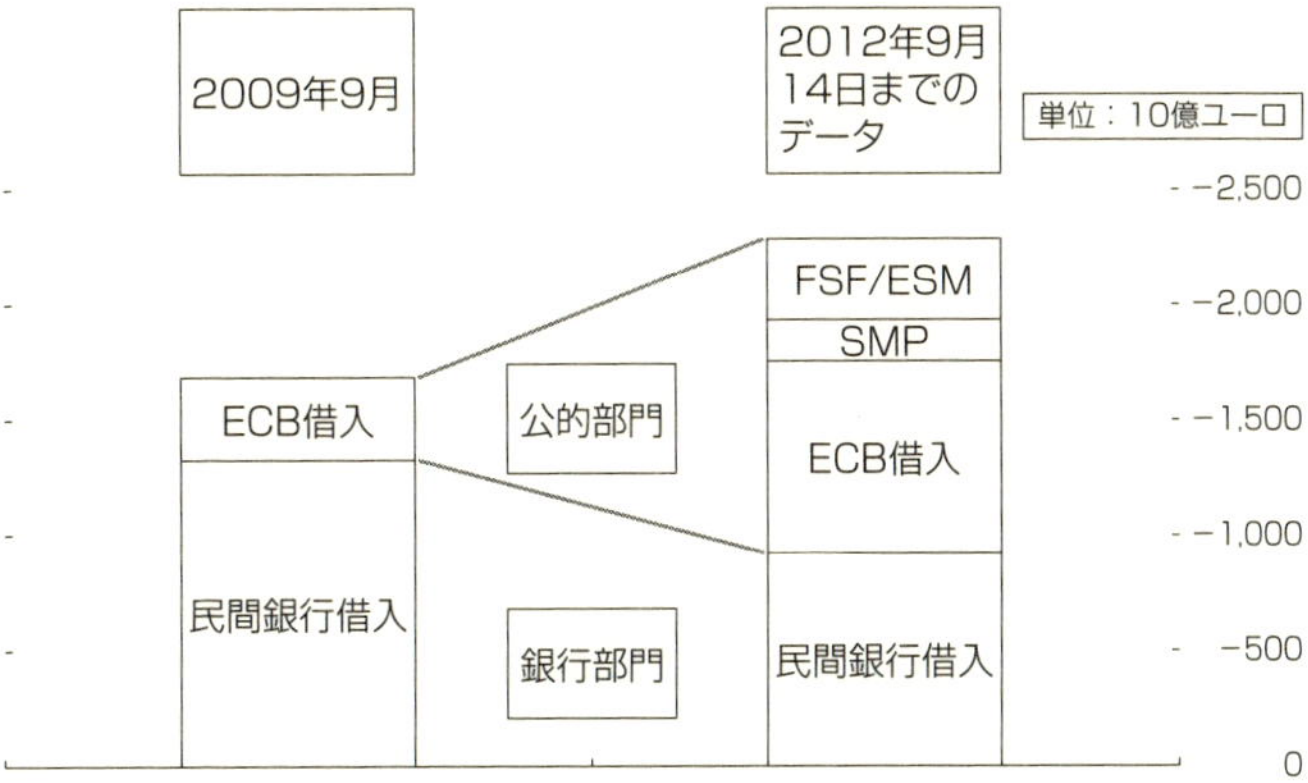

（出典）IMF･GFSR：Oct. 2012, 5, Fig. 1.7 より作成。SMP：Securiites Market Programme；FSF：Financial Stability Facilities；FSM：Financial Stability Mechanism.

機関がふえていたのです。

同じユーロ圏の南欧諸国はソブリン債務問題で苦境にあり、南欧の国債には異例の高いリスクプレミアムが発生している。すると北部の銀行はソブリン危機にある南欧の国債や銀行へ余剰資金を回さなくなる。南欧の銀行は資金調達が困難になるばかりか、その預金も北の債権国に流出する。まさに金融的分断化（financial fragmentation）現象そのものです。

ユーロ圏南北間の金融上の分断化はＥＣＢの担うユーロシステムの支払決済機構（ターゲット２）に反映されます。これがいわゆるターゲット２問題となります。ターゲット２上のインバランスがユーロ瓦解の引き金になる危険性があるのです。

図 4-2　ターゲット 2 インバランスの発生経路を示すペンタゴン図

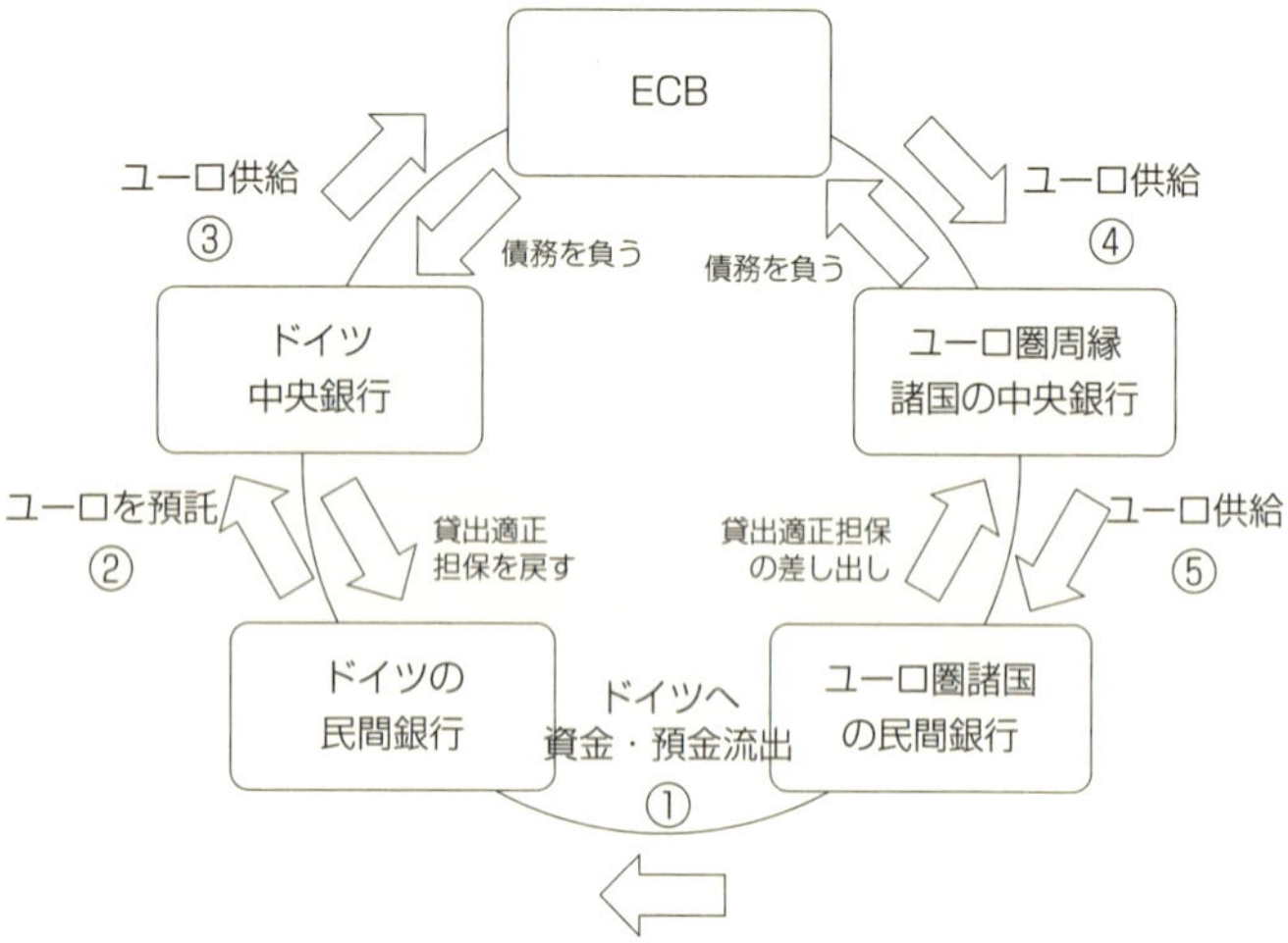

（出典）Bijlsha & Lukkezen の図を参照し，一部追加して作成。

ユーロ圏内の南から北へ資金が流出する状況を示すのが、図４―２のペンタゴン図です。この流れを示すターゲット２の正式名はTrans-European Automated Real-time Gross settlement Express Transfer System, version 2であり、その名の示すとおり、ユーロ圏の中央銀行業務の決済、ユーロ圏の銀行間の資金移転のシステムです。

普段であれば、ユーロ圏の銀行は銀行間市場で資金の貸し借りができます。しかしユーロ周縁国の銀行はソブリン危機や不動産市場の低迷により、保有する国債、不動産関連資産が暴落して、財務内容も悪化します。これにより、銀行間市場で支払い能力に疑念を持たれ、この市場で資金を調達できなくなります。するとそれまでは銀行間取引で余剰資金を出していた銀行は銀行間市場から資金を引きあげてしまい、余剰資金を中央銀行へ預託します（図４－２の②）。一方資金不足となった銀行は流動性を求めて中央銀行に駆けこみます（図４－２の⑤）。

ここで問題になるのが周縁国の中央銀行が自国の銀行に貸し出す資金源です。周縁国の銀行から中心国（たとえばドイツ）の銀行に預金が流出しています（図４－２の①）。ドイツの銀行は預金が流入したのでドイツ中央銀行からの借入を返済し、さらに余った資金を中央銀行へ預託します。このドイツの中央銀行に預託された資金がユーロシステムを通じ周縁国の中央銀行に回されるのです（図４－２の③から④）。この周縁国の中央銀行はユーロシステムを通じドイツ中央銀行から回された資金を自国の銀行に資金供給します（図４－２の⑤）。こうして周縁国の民間銀行はひとまず流動性不足を緩和できるわけです。

この結果、ドイツ中央銀行はユーロシステム内部でターゲット債権をもつことになります。逆に、周縁国の銀行に資金供給した周縁国の中央銀行はユーロシステム内部でターゲット債務を負います。

このような関係は次のように単純化できます。普段、周縁国の銀行は銀行間市場で資金を借りる。しかし金融市場が逼迫したり、周縁国の銀行の支払い能力が疑われるようになると、ドイツの銀行は余剰資金を銀行間市場に出さず自国中央銀行に預託する（図４－２の②）。一方、市場から見放された周縁国の銀行は自国中央銀行に資金供給を仰ぐ。この中央銀行はユーロシステムを通じドイツの中央銀行の余剰金（②から③への資金が源泉）を融通してもらい、これを自国の銀行に回すので

図 4-3　ユーロ圏のターゲット２の動向（2002 年 1 月－ 2011 年 12 月）

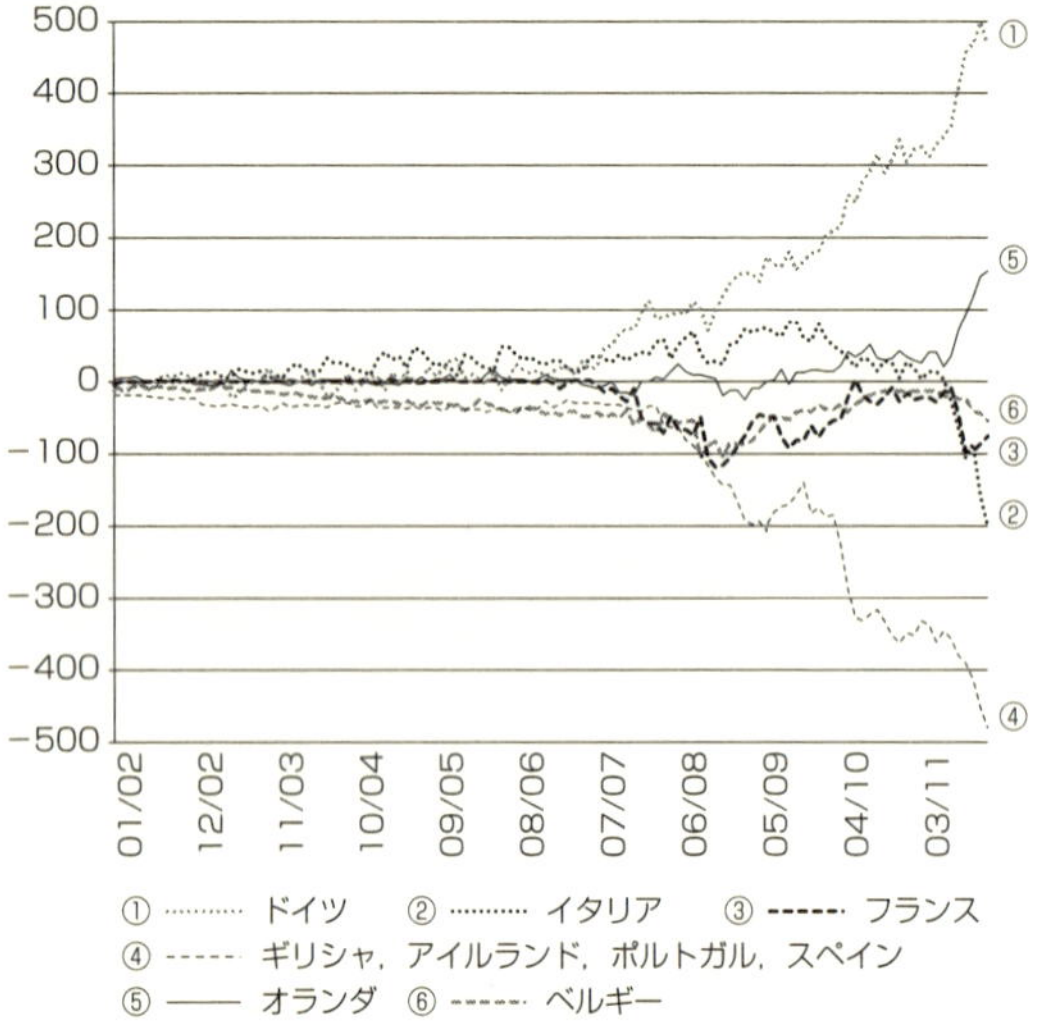

（出典）Merler & Ferry：4, Figure B1 より。

す（⑤）。ドイツの銀行と周縁国の銀行の銀行間市場における債権・債務関係がユーロシステムを介したドイツ中央銀行と周縁国の中央銀行の債権・債務関係へと転化するわけです〈ECB, FSR, June 2013 : 95–96 ; Merler & Ferry : 2, 4, 10〉。

このような中央銀行間の債権債務の動きを示すのが図４－３です。これによれば、ドイツはターゲット２債権を急増させ、南欧諸国のターゲット２債務も急増している。このような債権・債務の不均衡は二〇〇七年末にかけて増大しており、二〇〇八年末には三七〇〇億ユーロになった。これは銀行間市場がかなり打撃を受けたことの反映です。その後、不均衡は一時低下したものの、二〇一〇年末に約四〇〇〇億ユーロに増大し、また、二〇一一年末には八〇〇〇億ユーロ以上に増大しました。

この動きから再確認できることは、ターゲット2の不均衡問題とは、資金繰りが困難になっている国の銀行が自国の中央銀行でなく他国の中央銀行に依存して資金繰りをつけるメカニズムであるということです。ユーロシステムがユーロ圏諸国間の資金需給の不均衡を緩和させる最後の貸し手としての役割を果たしているわけです〈Merler & Ferry : 2, 4, 10〉。

ソブリン危機の進展で、ユーロ圏の民間資本がユーロ圏の南から北部へ逃避している。これがユーロ圏の金融的分断の証なのですが、これをユーロ圏の中央銀行間の資金偏在としてさし示すのがターゲット2なのです。南のユーロ圏諸国がECBへの資金依存を強める状況を示すわけです。そしてスペインやイタリアの銀行が自国の中央銀行を通じECBからの借入を増す度に、ドイツ中央銀行のターゲット2債権が増加します。

実際、二〇一二年七月の時点、ECBによる貸出の六〇%がスペイン、イタリア、ポルトガルの南欧に集中しています（合計七四二三億ユーロ）。その内、スペインの銀行の借入は四〇二二億ユーロであり（ECB貸出全体の三五%）、同国の銀行総資産のうち一〇・八%に達します。ポルトガルの場合、五六八億ユーロで九・九%、イタリアは二八三三億ユーロで六・七%ですが、北の代表のドイツの場合、七八六億ユーロで〇・九%にすぎません。しかもこの南欧の三国は二〇一一年一月からECB借入を急増させており、その増加分の合計は五八六二億ユーロであり、全体の七四二三億ユーロの八割近くに及んでいます（『FT』二〇一二年八月七、一五、二一日）。

4　ターゲット2不均衡の拡大でECBが被る損失の性格
：ターゲット2債権国のドイツだけが被害者になるわけでない

ここで注意すべきは、ターゲット2の不均衡拡大は、ユーロシステム内部の中央銀行による流動性の不均衡な配分を反映しているにすぎず、ターゲット2債権者側の中央銀行（ここではドイツ連銀）だけに降りかかる特別のリスクではないことです。

ユーロシステムの金融政策の業務で損失が生じるのは、ECBが債権に対して保有している担保の価値が十分でなくなるときです。その損失はターゲット2債権国の中央銀行だけが負担するものではないのです。ユーロ圏の各国中央銀行はユーロシステムに対する資本の拠出の割合に応じて負担するものなのです。だからターゲット2の債権・債務の規模に関わらず、あり得る損失は中央銀行間で分相応に負担します。たとえばドイツの中央銀行はECBの資本の最大の保有者ですが、周縁諸国からの資本移動がドイツでなくフランスに直接向かっている場合でも、フランスの中央銀行よりも多い、最大の損失を負うのです〈Merler & Ferry : 11〉。言い換えれば、損失はユーロ圏各国中央銀行の資本拠出の額に応分するのです。

ターゲット2債権国ドイツが懸念する問題はむしろ別のところにあります。それはECBが受け入れる担保条件を緩和する意向を示したことです。不動産担保証券、資産担保証券が適格担保に含められれば、ＥＣＢのバランスシートの安全性に問題が出てくる。ドイツ中央銀行はこのＥＣＢによる貸出便宜に絡む資産劣化のリスクを再三、警告しているのです（『ＷＳＪ』二〇一二年六月二一日）。

しかし同じ中央銀行でもＥＣＢでなく、ユーロシステムに参加している中央銀行が独自で行う緊急の流動性供給支援（Emergency Liquidity Assistance）において発生する損失はもっぱら当該中央銀行の負担になります。ＥＬＡが発動するのは、ＥＣＢにも拒否される担保しか出せない銀行に流動性を供給する場合なのです。文字どおり、緊急の流動性供給なのです。

そしてＥＬＡは中央銀行による流動性供給とはいえません。その流動性供給はリスクが大きすぎるので、ＥＣＢでなく、当該国中央銀行が引き受けるものであり、それに伴う損失は当該国政府に回るからです。実際、ＥＬＡは、市場に国債を売ることができなくなっていたアイルランド、ギリシャで発動されています。ＥＬＡに伴う損失はＥＣＢでなく、当該国の中央銀行と政府が負うものなのです。たとえばギリシャのＥＬＡの場合、政府がその支払を保証するのが条件になっています。ＥＬＡがＥＣＢローンよりもはるかに高い金利で貸し出される理由がここにあります（〈Merler & Ferry：10〉、『ＦＴ』二〇一二年七月二一＆二二日）。

5　ユーロ圏の債務国から債権国ドイツへ資金流入が加速する異常性

本来は貸し手のはずのドイツが資金の受け手になる。これではユーロ圏のクロスボーダーの銀行間市場が機能するはずがありません。この債権国への資金流入においてさらに注目すべき点があります。ドイツへの資金流入という場合、対象となる資産は公的部門の資産が好まれたのです。なぜでしょう？　ドイツの銀行におかれている資産保有者が非居住者か居住者かのちがいで、あるいはユーロ圏に属するか否かで扱いが異なってしまう可能性がありますが、ドイツ国債の保有者についてはそのような区別は問題になりません。だから連合王国の銀行はドイツの公的部門債権（ドイツ国債とドイツ連銀への預託金）の保有を増加させたのです（二〇一二年第1四半期にほぼ一〇〇〇億ユーロの増加）。またはドイツにユーロ預金をする場合、ドイツの現地法人保有の預金にしています。預金がドイツの居住者扱いになるからです。いずれにしろ、ユーロ圏以外の銀行で、ドイツの公的資産の選好を急増させる動きは連合王国の銀行に目立っていました（図４－４の左部分）〈Gecchetti, McCauley & Mcguire：11–12〉。

その行動は図４－５と図４－４を対比させれば、いっそうハッキリします。図４－５の縦軸は、ドイツ、フランス、オランダ、ベルギーの金融機関がユーロ周縁諸国に対する債権を減らしていく経緯を示すものです。横軸は連合王国の銀行グループがユーロ債権国からの債権も減少させている動きを

図 4-4　国別でみた銀行の対ドイツ公的部門債権の変動（2005－2012 年第 2 四半期）

（単位 10 億ユーロ）

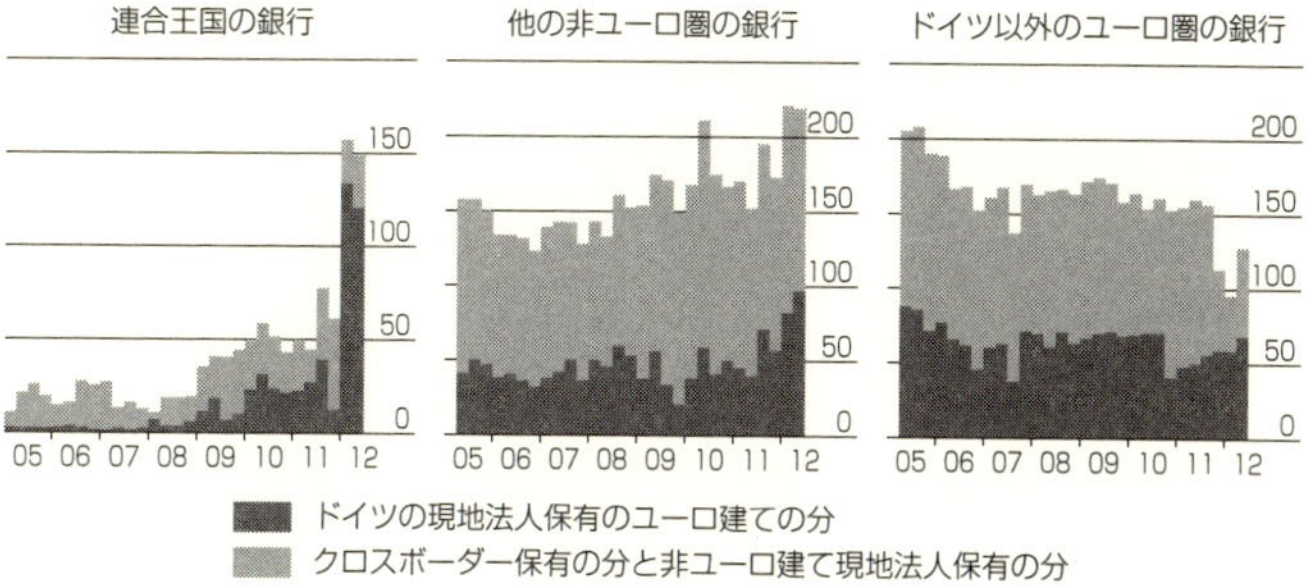

（出典）Gecchetti, McCauley, Mcguire：10, Graph 11 より。

図 4-5　ドイツ，フランス，オランダ，ベルギーの銀行の対周縁諸国債権と連合王国の銀行の対ユーロ 4 カ国債権の変動（2011 年と 2012 年の第 4 四半期）（単位：10 億ポンド）

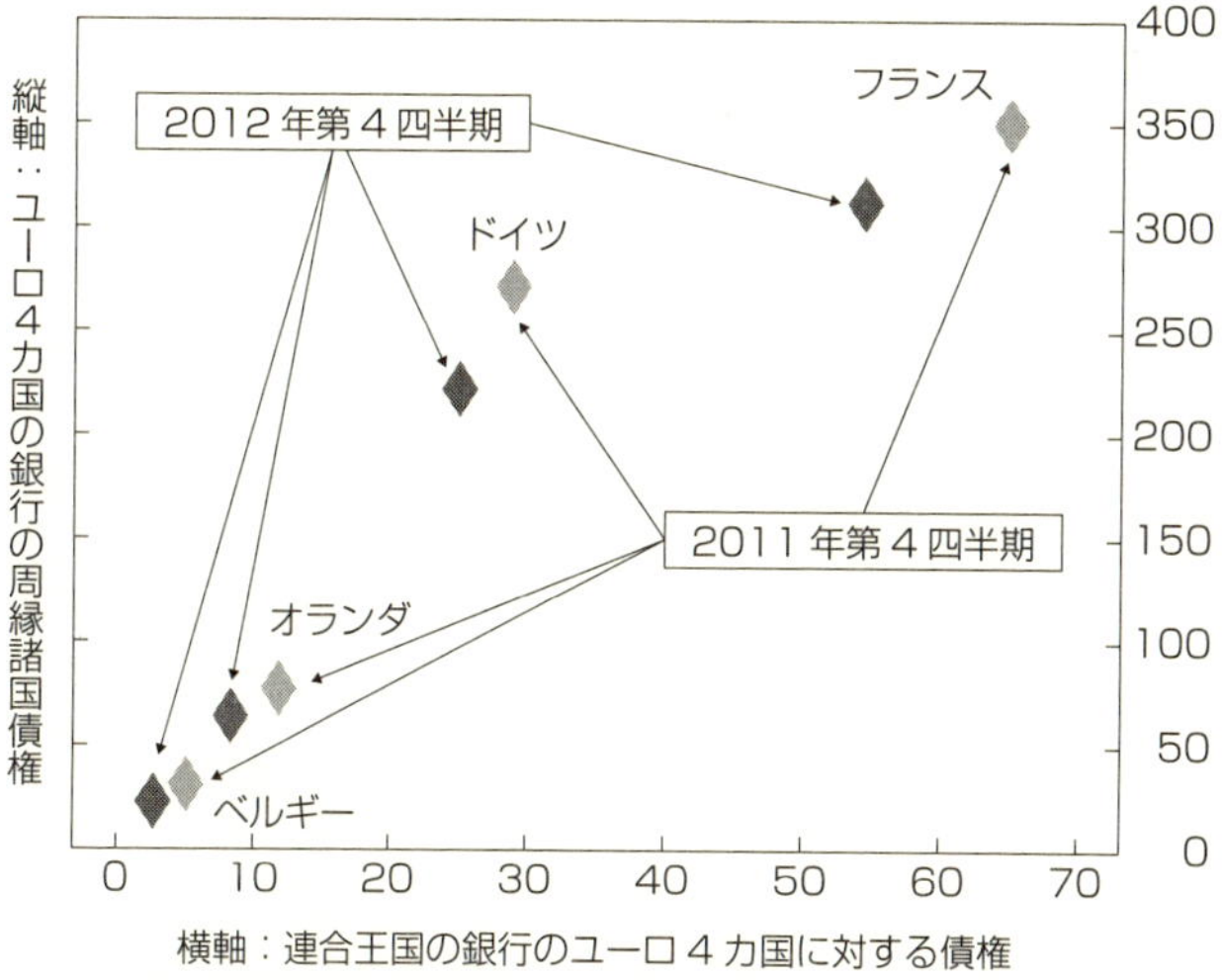

（出典）BoE：Jun. 2013, 26, Chart 2.15 より。

示します。ところがその一方、ドイツの公的部門への債権保有は増加させているのです。

つまり連合王国の銀行はユーロ周縁諸国ばかりでなくユーロ中枢国のドイツからも純債権を減らす一方、ドイツの公的債権を増加させていたわけです。同じユーロがドイツ・ユーロと周縁諸国ユーロに分裂する通貨リスクに対応していたわけです。

この連合王国によるドイツ債権増加の規模は、対スペインの現地債務を増やして純債権を減少させる規模よりも大きかったのです。結局、元の木阿弥リスクに対応するため、ユーロ周縁諸国に対して純債権を持つ銀行は、ユーロ圏に属するか否かにかかわらず、ユーロ周縁諸国から資金を吸い上げていたのです〈Gecchetti, McCauley & Mcguire : 11〉。

このようにユーロ瓦解の徴候は、周縁諸国ばかりかユーロ中枢諸国にもみられました。ユーロ圏が瓦解する恐れが増大し、中枢諸国が資金の安全な逃避先になったからです。流入して増加する流動性はドイツなどの中核諸国の金利を不当に押し下げ、資産価格バブルを煽る恐れもあります。実際、ドイツ二年物国債利回りは二〇一二年七月上旬にはマイナスになります。これと対照的に周縁諸国では流動性が突然涸渇します。逼迫した周縁国では市場金利が急騰し、中枢国では下がったのです（クーレ理事：二〇一三年九月二日）。

ここにターゲット2インバランス問題が増幅される要因を見てとれます。これはユーロ圏の金融市場の分断と機能不全を示す指標であり、二〇一二年夏には一兆ユーロのピークになっていました。経常収支不均衡はすでに減少し、経済的条件は改善していたのにターゲット2インバランス問題は激化していたのです（クーレ理事：二〇一三年九月二日）。

ここで改めて確認しておきます。ターゲット2インバランス問題の激化も、インターバンク市場の機能不全を中央銀行間信用が是正する機能と、通貨変更リスクをヘッジする国際的銀行のバランスシートの再調整の双方が複合した結果生じた現象なのです。日本の学者がしたり顔に解説するような、ユーロ圏内の経常収支不均衡がターゲット2問題を引き起こしたという話ではありません。実際、図4―6のとおり、ユーロ圏の経常収支赤字国は二〇〇八年の金融危機以降、その赤字を減らしている一方、図4―7のとおり、ターゲット2インバランスは増加していたのです〈Gecchetti, McCauley & Mcguire：12-14〉。

しかしながら経済ファンダメンタルからみれば、ターゲット2問題に連動するリスクプレミアムの拡大は説明のつかない異常なものでした。だからユーロ各国が元の通貨に戻りユーロが崩壊するテール・リスクには根拠がない。これがECBの判断でした。実際のところスペイン、イタリアでは異常なプレミアムの高まりを正当化するようなファンダメンタルの劇的悪化はなかったのです。イタリア政府は赤字を減らす処置をとっており、スペイン政府も労働市場と銀行部門の構造的問題に取りくんでいたからです（クーレ理事：二〇一三年九月二日）。

ここでユーロ瓦解のテール・リスクに関する二〇一二年八月二日のドラギ声明もみておきます。

図 4-6　金融危機以降のユーロ周縁諸国の経常収支改善状況（2001～2012年の対 GDP 比：%）

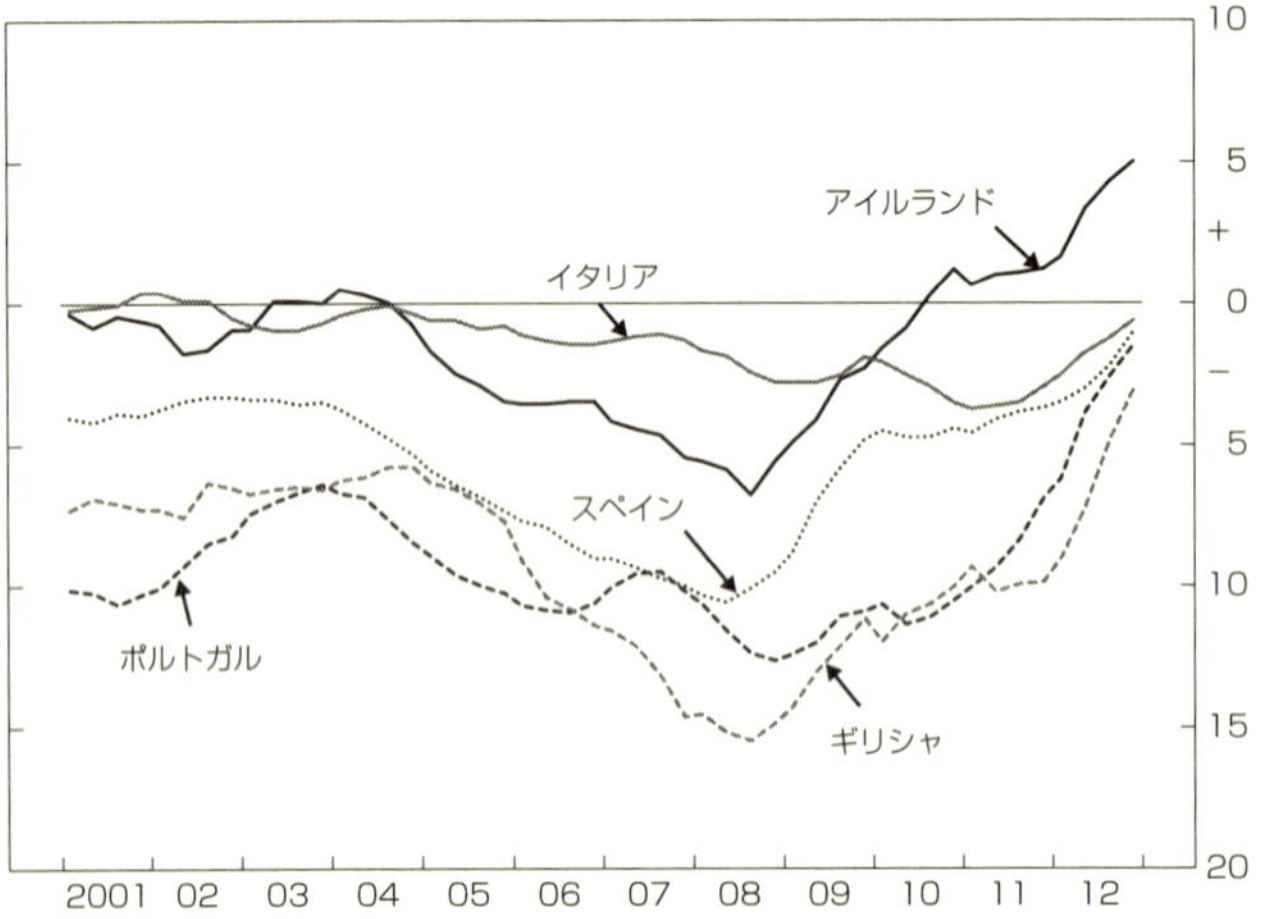

（出典）BoE：Jun. 2013, 24, Chart 2.12 より。

図 4-7　ユーロ周縁諸国[※]の累積資本移動（2003～2013 年第 1 四半期）

（単位 10 億ユーロ）

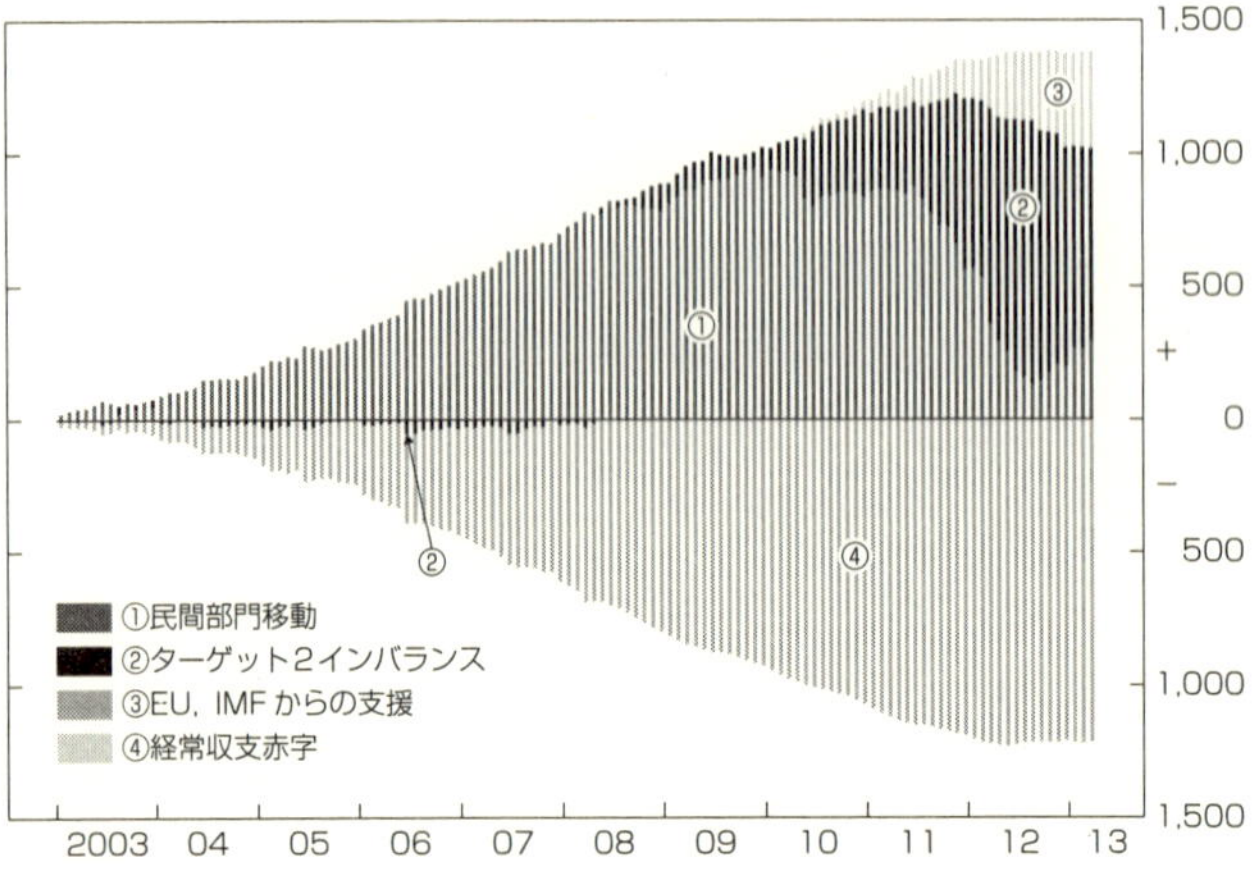

（出典）BoE：Jun. 2013, 17, Chart 1.25 より。
※ギリシア，イタリア，アイルランド，ポルトガル，スペイン。

その声明では、この複合プレミアムをユーロ転覆の恐れにつながるリスクプレミアムと受けとめており、そのような異常なプレミアムは受け入れがたい。それに根本的に対処しなければならない。ユーロは後戻りしないと主張しています。このリスクプレミアムを根絶するために、ユーロ圏政府は財政安定、構造改革、ユーロ的制度改善に向けて前進すべきである。そこで打ち出されたのがＥＣＢによる南欧国債購入の導入の決定だというのです（ＯＭＴ：九月六日発表）。

6　ECBが1ユーロの国債も買わないのにユーロ瓦解危機を解消させたわけ
：ＯＭＴ対象になった諸国は経済主権をうしなう恐れ

確認すべきはＯＭＴは国債の人為的金利下げを狙ったものでないということです。ＯＭＴはユーロ通貨の元の木阿弥リスクに対する保険なのです。流通市場における国債を無制限に購入して、通貨リスクが原因で広がっている国債の利回り格差（スプレッド）を縮小させようというのです（実際には購入の必要がなかった）。したがって、ユーロ圏内の各国経済格差が原因で拡大する国債スプレッドの解消を狙うものではないのです。同じスプレッドと言っても、根拠なき元の木阿弥リスクの分を解消させるものなのです。逆にいえば、経済の実体を反映した限りのユーロ圏諸国の国債利回り格差は容認します。この種のスプレッドは該当諸国政府の構造改革でしか解消できない。ＥＣＢが関与する件ではないからです。

ここでＯＭＴの狙いを再整理しておきます。ソブリン債の金利格差が各国間のファンダメンタルの差を反映しているかぎり、ＥＣＢはタッチしない。対処すべきは、物価安定を追求するＥＣＢの金融政策を阻害するユーロ通貨瓦解のリスクです。それはＥＣＢの物価安定の使命にかかわるのです（クーレ理事：二〇一三年九月二日）。

ＯＭＴの対象国となった場合、当該政府は財政赤字解消のための構造改革にきちんと着手し、それをしっかり実行しないとＥＣＢは流通市場で政府債購入には踏み切らない。その場合、ユーロ圏の金融安定基金ＥＳＭと連携します。ＥＣＢが実際に国債購入に出るためには、当該国債発行の政府はユーロ圏のＥＳＭに支援申請しなければならない。その場合、厳しい条件を課せられる。財政・構造改革の断行です。ＯＭＴを導入するとなると、当該国はきつい財政再建の条件を突きつけられ、政治上、主権を失うのです。したがってＯＭＴなしに改革を進めて経済主権を維持するのか、それともＯＭＴに依存して経済的ソブリンを棄てるのか重大な選択を迫られるわけです（ドラギ：二〇一三年六月三日、クーレ理事：九月二日）。だからユーロ圏の主権国家は安易にＯＭＴに依存するわけにはいかないのです。

ＯＭＴ決定に至るまでにはドラギと国債購入に反対するドイツのブンデスバンク総裁と激しい対立がありました。そのこともあり、ＥＣＢは今回の決定には厳しい条件を付しています。ＥＣＢが実際に国債を購入する当該国の政府は財政・構造改革の断行という厳しい条件を課せられる。その条件を満たせば、ESMは発行市場（新発債）で南欧国債を購入する。それを受けてECBは流通市場（既発債）で国債取引に出る。その場合、この債券市場対策はユーロ圏諸国政府が主導し、ECBではない（『FT』二〇一二年一〇月五日、一〇月四日のECBにおけるドラギ演説）。これがECB総裁ドラギの言い分です。この点でドラギとブンデスバンク総裁は一致しているのです。

ドラギが七月にユーロの維持を確約しても、小規模企業への金利は八月も上昇していました。特にユーロ南欧の小規模企業の信用ひっ迫が進展していました。これは南欧の銀行の資金調達コストが上昇しているためです。だから、OMTを導入し、ECBによる信用供給が機能しなくなっている状態を修復し、ユーロ圏を単一の金融市場へと回復させるというのです。その点、ドラギは次のように語っています。「ユーロ圏の通貨政策の単一性が疑われるような分断の拡大は受け入れられない」（『FT』二〇一二年一〇月五日、一〇月四日のECBにおけるドラギ演説）。

ECBは実際、OMT導入のアナウンスメント効果もあって、ターゲット2不均衡を八月のピークに比べ、かなり収縮させています。OMT導入でユーロ圏各国間の金利スプレッドは二〇一一年夏の水準に下がり、銀行、企業の資金コストもかなり下がりました。これは高格付けの企業に限らず、金融、非金融部門のいずれにもあてはまります。銀行、企業は資本市場における資金調達を回復させ、金融機関の資金繰りも以前よりも改善しているのです。要するに市場で資金調達ができるようになったのです。その分、民間の銀行はECBに資金依存しなくてすむようになります。

実際、二〇一三年四月三日の時点、二〇一三年一月三〇日以来、ＥＣＢへ二四四七億ユーロが返済されています（大半がＬＴＲＯ関連）。銀行からの預金流出も終わり、金融逼迫した国の預金（ユーロ圏居住者による銀行預金）は二〇一二年八月からの一年間に二一〇〇億ユーロも増大しました。ターゲット2インバランスも一年前よりも三〇〇〇億ユーロあるいは三〇％も下がりました。これがＯＭＴ効果です（〈ECB, Monthly Bulletin, April 2013：24-25〉、クーレ理事：二〇一三年九月二日）。

こうしてＥＣＢはＯＭＴ導入で一ユーロの国債も購入しないでユーロ諸国通貨の元の木阿弥リスクを解消させたのです。ドラギはこの理由について、「自画自賛しないで質問に答えるのは難しい」と説明する余裕も見せたくらいです（二〇一三年九月五日）。ＥＣＢが通貨の元の木阿弥リスク（ユーロ瓦解というテール・リスク）に断固として対決姿勢を示したこと、ＯＭＴ対象国は厳しい構造改革の実行を迫られ実質上の主権を喪失することを回避する必要に迫られたこと等の事情が作用し、元の木阿弥リスクは一挙に解消されたのです。こうして金融逼迫した諸国の国債価格も回復したのです。

したがって巷に盛んなＯＭＴ批判も妥当しないでしょう。ＯＭＴ批判の中身を確認しておきます。①政府債購入は各国の改革意欲を削ぐ、②政府債購入でＥＣＢは自身のバランスシートにリスクを負い、結局、財政黒字国から赤字国への財政的配分につながってしまう、③政府債購入はＥＣＢが財政赤字補填をしてはいけないというマーストリヒト条約に反する等というものです。

しかしこの類の批判はＯＭＴの狙いを誤解しています。ＯＭＴはＥＣＢによる国債の無制限購入策と解説する向きがありますが、ちがいます。あくまで期限三年までの既発国債を無制限に購入するというものであり、無制限購入といっても市中に出回る既発国債の額を上回ることはありません。新発国債を無制限に購入するという話ではありません。ＯＭＴは国債価格の人為的買い支えではなく、ユーロ瓦解というテール・リスクに対処するものなのです。だからこの種のリスクがなくなればＯＭＴも発動されなくなったのです。

7　ＥＣＢの国債購入政策の評価…同じ国債購入策であってもＳＭＴ(the Securities Markets programme)とＯＭＴとでは大ちがい

ここではＥＣＢによる国債購入策がよく誤解されていることを正すことにします。

二〇一〇年五月、政府債の流通市場は完全に干上がり始めました。大きな売り注文に対して実質買い手がなく、持続不可能なレベルにまで利回りが上がってしまったのです。国債は金融市場で決定的な役割を果たしています。民間部門の金利貸出の指標であり、欧州レポ市場の主要な担保として使われています。そして他のレポ取引のヘアカット（担保評価率の指標）になるのが国債レポ市場なのです。欧州のレポ市場においてユーロ政府債券が占める比率はＳＭＰ（the Securities Markets programme）が導入された時は四二％であり、二〇〇八年一二月の時の五八％より徐々に低下していました。この市場が麻痺してしまえば、銀行は流動性を獲得できなくなります。銀行は担保として国債を使用するのが困難になるからです。だからＥＣＢは二〇一〇年五月にＳＭＰを開始したのです〈ECB, Working Paper, 2013 : 13-14〉。

このようにＳＭＰは国債市場の流動性回復を狙ったものであり、購入される国債の期間は一〇年までてした。これに対し、ＯＭＴの場合、購入の対象は一―三年の期間の既発国債です（しかも流通市場の分）。両者の違いは期間だけではありません。ＳＭＰの場合、ＥＣＢは国債保有者として他の国債保有者よりも優先的地位が与えられていました。国債支払いでＥＣＢが優先されるのです。しかしこれではソブリン債市場に緊張が高まった時、民間投資家はソブリン債券に投資する意欲を削がれます。これに対し、ＯＭＴで国債を保有する場合、ＥＣＢは民間、あるいは他の債券保持者と同等の扱いです。しかもＳＭＰと違いＯＭＴで保有される国債の額と市場価値は公開されます。期間の平均と国別の保有内訳も同様です。ＥＣＢはＯＭＴ発表と同時に、ＳＭＰに関する多くの懸念を打開しようとしたのです〈ECB, Working Paper, 2013 : 18〉。『ＷＳＪ』（二〇一三年六月一二日）もＯＭＴに賛意の評価を出しています。これによれば、以前、ＥＣＢは債券購入を「一時的」であると公式に説明してきたが、二〇〇〇億ユーロ以上の債券を購入しており、市場はその説明で納得するわけではない。これに対しＯＭＴの場合、一ユーロも購入していない。そのＯＭＴ導入の宣言をしただけで周縁国の国債利回りは下落しているというのです。

ＯＭＴはさらにほかの点でもＳＭＰと異なります。ＯＭＴにはＥＳＭ条件がある。だから改革実行と財政規律維持の強い圧力にユーロ圏メンバー諸国はさらされる。OMTはメンバー諸国の金融状況を緩和することが狙いでなく、市場メカニズムが続くようにすることなのです。OMTはECBの金融政策の観点から実施するのであり、各国の事情からは独立しているのです。

さらに言えば、OMTの場合、政府債を買うばかりでなく、売ることもあります。OMTで保有する国債は満期の価値でなく、市場価格ベースで評価されます。またOMTは国債の購入が無制限とされていますが、OMTの対象となる国債はあくまでも残存期間一～三年の国債に限定されており、流通市場で国債を無制限に購入することにならないのです（アスムセン理事：二〇一三年六月一一日）。

8　ユーロ圏諸国の主権概念の大転換を求める二一世紀のユーロ版ポツダム宣言
：金融安定、金融統合、一国レベルの金融監視が三位一体になれない金融トリレンマ

ユーロ版の金融トリレンマに言及したのはECB副総裁コンスタンティオです（二〇一三年一月三一日）。これに先行し、ECB総裁ドラギはEUの結束における四つの柱を提唱しています（二〇一二年一一月五日）。単一の監督機関を持つ銀行同盟、持続不可能な財政赤字を有効に防ぎ是正する財政同盟、持続的に高い雇用を維持するために十分な競争力を保証する経済同盟、そしてユーロ圏市民を吸引する政治同盟という四つの柱です。

この四つの柱は二〇一二年六月のＥＵサミットで真のＥＭＵの中長期構想が提示されたことに対応したものです。ドラギによれば、四つの柱からなる構想はそれまでのマーストリヒト条約の枠組みの欠陥を補います。ユーロ圏の政治指導者たちは、各国で財政規律が強化されることを期待したものの、当てがはずれた。各国の財政赤字が他の国の金融危機にも波及したというのです（＝ユーロ・ソブリン危機）。

ユーロ圏各国は自国が他の加盟国に及ぼす影響を抜きに完全に独立した方法では自国の経済政策を遂行できない。それが二〇一二年六月のサミットの主な結論の一つである。「主権は共有される必要のある重要なものである」というのです。

このドラギによれば、非常に多くの負債と赤字を抱えている諸国は、グローバル化された世界で経済政策上の主権を失って久しい。市場に敗北し独立性を失った。だからこそユーロ圏における真の主権回復を目指すべきであるというのです。

ドラギは真のソブリン主権を再定義しています。ユーロ圏各国は安定に向けた連合で協調することにより、これまでに失われた主権をより高い水準で取り戻さなくてはならない。そのためには共通したルールを分かち合うべきである。すでに失って久しい主権を維持しているふりをするよりも、各国が分担しながらソブリンを取り戻すこと。それが真のソブリン主権回復だというのです。したがって、ユーロ諸国は必要に応じ、主権を分かち合うことに同意しなければならないというのです

（二〇一二年一二月一一日、『FT』二〇一二年一二月一七日）。各国レベルの主権に任せてきた結果、ソブリン危機と銀行危機が一体化したユーロ危機が起きたことを教訓にしようというわけです。

その点をドラギはポツダムで次のように力説しています。「通貨を共有することには十分な合意がある一方、経済と財政政策は専ら国民国家レベルで編成されたままである。世界危機はこのやり方の弱点をさらけ出した。国民国家間のゆるやかな政策の調整だけでは安定も確保できず、効果的な危機管理も進展しない。したがってユーロ圏の制度的構想は、経済と通貨の同盟（EMU）をもっと確固とした基盤におくために見直されなくてはならない」（二〇一二年九月六日）。これこそまさに二一世紀ユーロ版ポツダム宣言でしょう。

しかしはたしてこの二一世紀ユーロ版ポツダム宣言を受諾する国がいるのでしょうか？　ポツダムの地のドイツは財政同盟の実現を警戒しています。銀行同盟構想にも実質上反対の状況です。ユーロ圏の盟主がこのような宣言を簡単に受諾するはずがありません。

9　ターゲット2インバランス問題とユーロ圏諸国間の経常収支の関連性

OMT導入決定の効果もあり、ターゲット2インバランスも緩和されるようになりました。ところが、このインバランスに関する誤解が日本では払拭されていないようです。ユーロ圏内の経常収支インバランスがターゲット2上のインバランスにつながるという欧州の研究者（Sinn 教授）の解説を鵜呑みにする報道、研究、解説が我が国ではしばしば見られました。

しかし、実際には両者には直接の関連はありません。先に紹介した図４－６、図４－７でも見たとおり、経常収支インバランスは対ＧＤＰ比率で二〇〇八年あたりがピークなのに、ターゲット２上のインバランスは四年後の二〇一二年がピークだからです。経常収支赤字国の経常収支赤字の対ＧＤＰ比率は二〇〇八年の四％が二〇一一年には二・七％へと下落しています。二〇一一年以降、ターゲット２のインバランスは経常収支インバランスの二倍になっています。両者が直接関連がないわけは簡単です。ターゲット２のインバランスは信用不安や投機的資本移動から起きているのであり、経常収支不均衡の話ではないからです〈Grauwe & Ji, 2012：4〉、『FT』二〇一二年九月二六日）。信用不安によりユーロ銀行間市場で資金を借りれない銀行が続出し、この資金繰りを自国中央銀行に頼り、この中央銀行もＥＣＢを通じユーロシステムに頼る。その結果、北の国の中央銀行のターゲット２債権が膨らみ、南の周縁国の中央銀行のターゲット２債務も膨らむという話なのです。

実際、ドイツのターゲット２債権が増加したのは、スペインの民間の資金がドイツに流入増加しているからです。これは経常収支上のドイツの対外債権の増加とは関係ありません〈Grauwe & Ji, 2012：11〉。スペインからドイツに資金が流入してスペインに対するドイツの債務が増大した結果、ドイツのターゲット２債権が増加したのです。

このようにターゲット２不均衡は経常収支不均衡上の資金移動と明らかに異なる性格のものなので

す。世界的金融危機の根因は、リーマン・ショックが示したとおり、経常収支不均衡によるグローバル・インバランスでなく、金融上の不均衡のグローバル・フィナンシャル・インバランスにあるのです〈米倉、二〇一二：七一～七三〉。そしてターゲット2インバランス問題はソブリン危機問題を契機としたユーロ版フィナンシャル・インバランス問題なのです。

ターゲット2不均衡問題がユーロ圏内の経常収支不均衡問題とは直接の関係がないことはターゲット2債務国の側からみたターゲット2の動向からも説明できます。まずその第Iグループとしてイタリアとスペインの動きを確認してみましょう。

二〇〇七年七月までは、イタリアのターゲット2の収支は全体としてはバランスしていました。それが二〇〇七年八月の危機から流れは一変し、インバランスが目立ち始めます。ユーロ圏内で資金が周辺からドイツなどの中枢に流れ始め、この傾向は二〇一〇年五月のソブリン危機から激化しました（ソブリン危機の第一段階：二〇一〇年五月―二〇一一年六月）。さらに二〇一一年夏に危機が増幅します（ソブリン危機第二段階）。イタリアとスペインが影響を受け始めてからターゲット2のインバランスが拡大したのです（図4―8）。

イタリアとスペインの両国は世界的金融危機とソブリン債務危機の最初の時期、フィナンシャル勘定ではほとんど変化はなかったのに、ソブリン債務危機の第二段階（二〇一一年七月～二〇一二年

図 4-8　イタリアとスペインのターゲット２債務が急増する動き（2001 – 2012 年半ば）

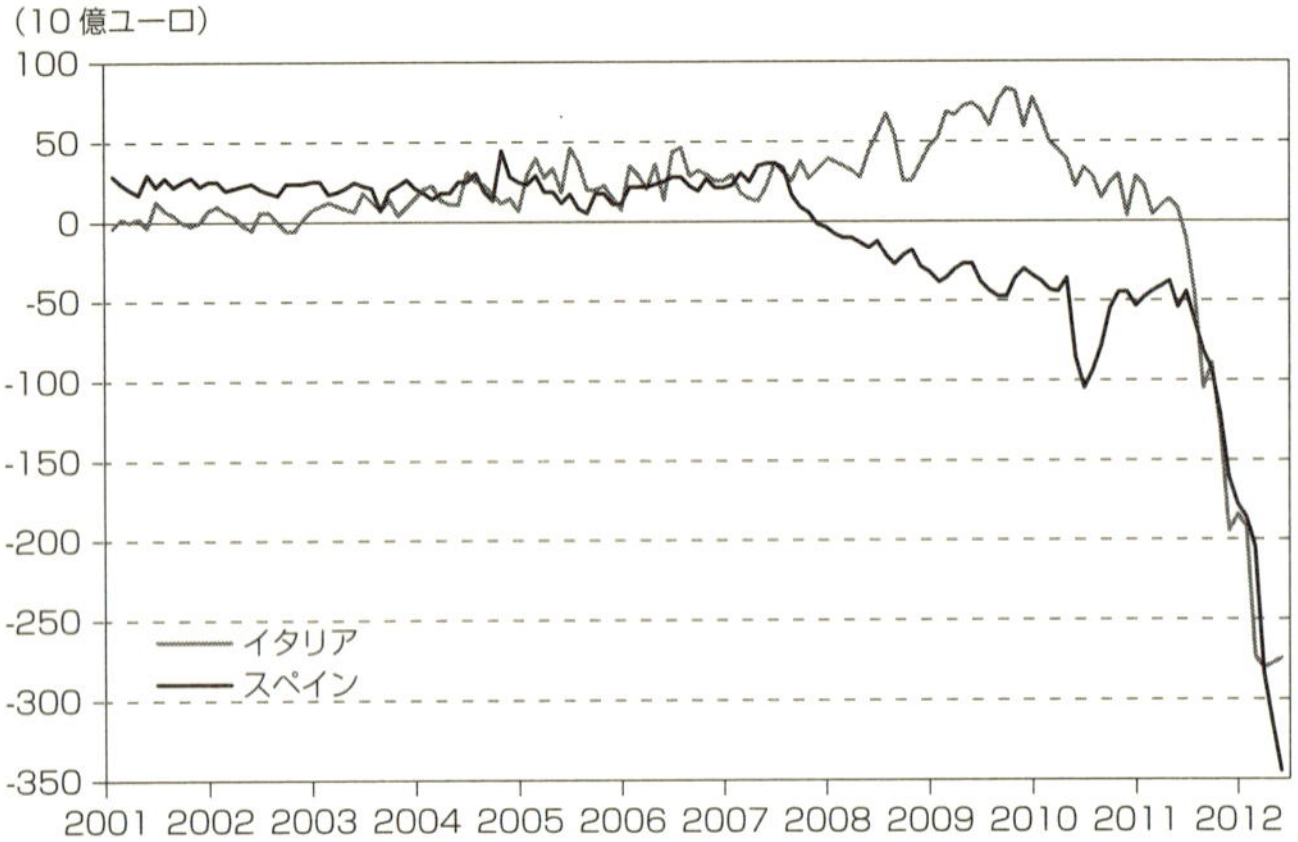

（出典）Cecioni & Ferrero, 7, Figure 2 より。

五月）では、政府と金融機関は国際金融市場へのアクセスが困難になったのです。この第二段階の両国の金融機関からの流出はそれぞれ一一八〇億ユーロ、一八二〇億ユーロでしたが、第一次ソブリン危機の時には、両国は純流入の状態だったのです（イタリアは二二〇億ユーロ、スペインは一一〇億ユーロ）。

　ポートフォリオ投資も同様の動きです。第二次ソブリン債務危機の時、両国のポートフォリオ投資は約九〇〇億ユーロもの純流出でしたが、第一次ソブリン危機の時は純流入だったのです（イタリアは七一〇億ユーロ、スペインは三八〇億ユーロ）。しかもイタリアの場合、ポートフォリオ投資の純流出の原因は、居住者による資本逃避ではなかったのです。図４－９のとおり、ユーロ周縁諸国の中でイタリアだけ国内小口預金の減

図 4-9　ユーロ圏 GIIPS 諸国の居住者小口預金の変動（2003 − 2012 年９月（2010 年６月＝ 100 とする指数）

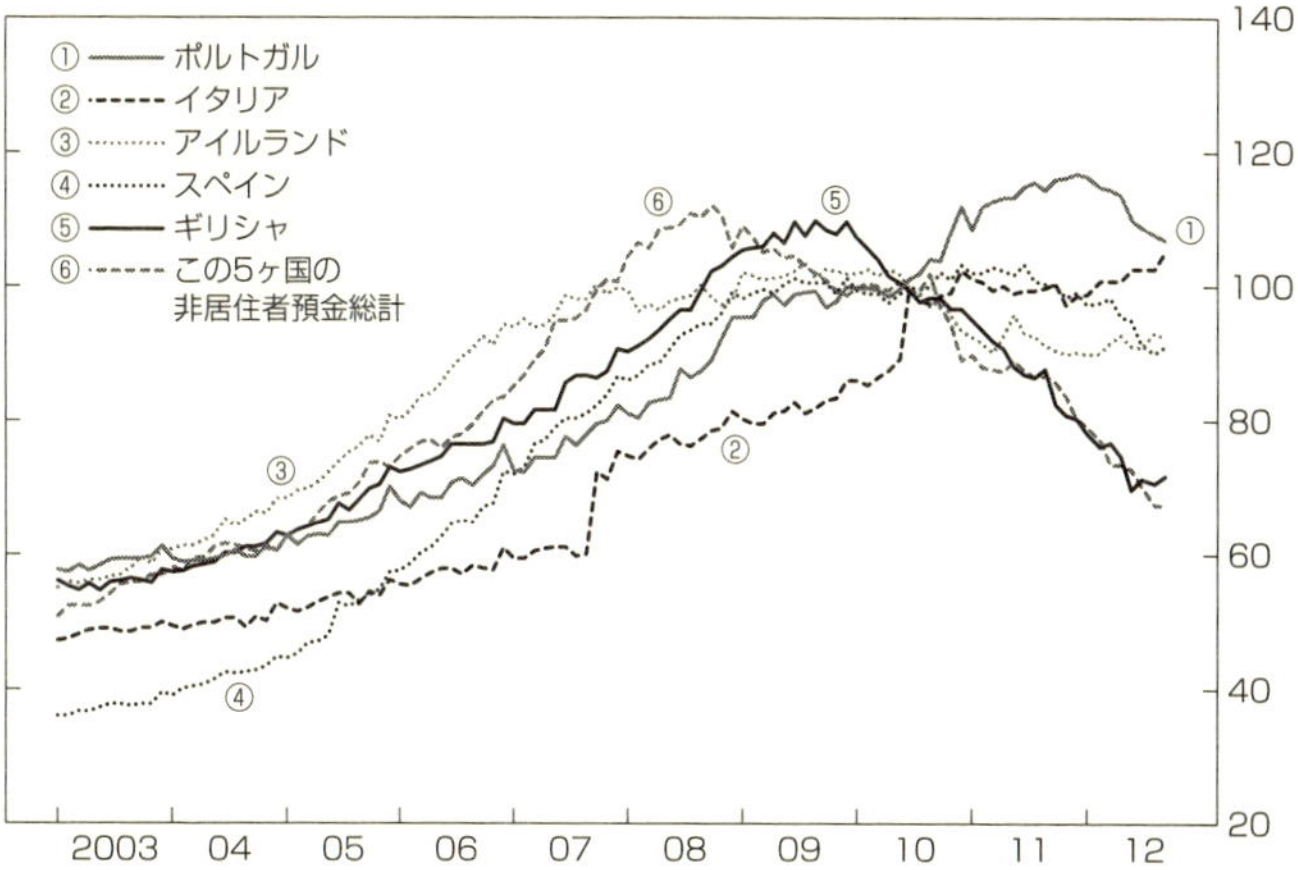

（出典）BoE：Jun. 2013, 10, Chart B より。

少が起きていません。流出の主な原因は非居住者の動向にあるからです。非居住者は満期を迎えたイタリア国債の借り換えに応じなくなったのです（ポートフォリオ投資の債券の側の約八〇％）。また非居住者がイタリア国債を流通市場で売ったことも純流出要因になりました（同じく二〇％）〈Cecioni & Ferrero：18–19〉。次にスペインの場合ですが、大きな経常収支黒字とターゲット２バランスの純ゼロの状態が長年続きましたが、二〇一一年、ターゲット２債務の増加は経常収支赤字の数倍にふくらみます〈Buiter & Rahbari：59–60〉。このように両国のターゲット２インバランス問題は経常収支赤字とは何の関係もないことが確認できます。

　では次にターゲット２債務国の第二グループとしてアイルランド、ギリシャ、ポルトガルの動きをみてみます。まずアイルランドの場合です。同国のターゲット2の純負債は二〇一〇年末にピークとなります。この時、アイルランドの経常収支はほとんど均衡しています。アイルランドのターゲット2債務が増大したのは、大半が二〇〇八年から二〇一〇年の間のことなのです。その間にターゲット2債務は経常収支赤字増加の二倍以上も増加しています〈Buiter, Rahbari & Michaels ②：Figure 5〉。

アイルランド以外のユーロ圏居住者によるアイルランド金融機関への預金は、二〇〇九年一月の二五三〇億ユーロのピークから二〇一一年四月には一三六〇億ユーロへと半分以上も減少しています。この預金はドイツに流れていたのです。この場合、ユーロ圏系の預金引き出しよりも、非ユーロ居住者による預金引き出しのほうがずっと大きかったのですが、いずれにしろ、アイルランドの銀行からの預金逃避が一番強かった時期は二〇〇九、二〇一〇年であり、これはアイルランドの中央銀行のターゲット2債務が一番増加した時と一致しているのです〈Buiter, Rahbari & Michaels ①：7〉。

したがってアイルランドの場合も、ターゲット2インバランス問題は経常収支赤字でなく資本逃避が大きな要因であることが確認できます。アイルランドの銀行の預金の額がピークをすぎた時は、非アイルランドのユーロ圏居住者の預金が最も減少した時期と一致しているからです。

次にポルトガル、ギリシャの場合です。両国はその他世界に対し持続的な経常収支赤字を続けており、しかもそれらの中央銀行のターゲット2は純債務にあります。だから、一見すると、ターゲット

2債務の増加の背景には経常収支赤字があるという説を裏付けるようにみえます。しかし注意すべきは、この二国のターゲット2純債務の伸びが最大だったのは二〇一〇年であり、その増加は経常収支赤字の額よりもはるかに大きかったのです。だからこの二国の場合も、経常収支赤字がターゲット2債務の増加に直接つながる話にはならないのです〈Buiter, Rahbari & Michaels ①：7〉。

10　ユーロ圏内の経常収支不均衡問題でなく信用不安問題に尽きるターゲット2インバランスの深層

ソブリン危機の進展で、ユーロ圏の民間資本がユーロ圏の南から北部へ逃避する。この結果、資金繰りが困難となる南の国の銀行が自国の中央銀行ばかりでなく、北の国の中央銀行にも依存して資金をやりくりするメカニズム、これがターゲット2インバランス問題なのです。

ソブリン危機の渦中にある南のユーロ圏諸国が自国の中央銀行を通じＥＣＢからの借入を増す度に、これらの国の中央銀行のターゲット2債務が増加し、逆に北部諸国の代表ドイツの中央銀行のターゲット2債権が増加するのです。

要するにユーロ圏の銀行間市場が混乱に陥った時にターゲット2問題が浮上したのです。ドイツのブンデスバンク理事ナーゲルが説明するとおり、インターバンク市場が機能不全となり、取引相手の金融上の健全性と流動性に関する不確実性が高まり、同市場参加者の間に信頼が欠落したのであり

〈Nagel〉、これがユーロ圏内部の大規模な資本移動・逃避を誘発したのです。

たとえば、アイルランドとスペインの場合、不動産バブルの破裂が引き金となり、これが政府部門の支払能力に打撃を与え、銀行危機につながり、ギリシャの場合は国家債務危機から全国的な銀行危機に至った。これが欧州の銀行間市場に跳ね返り、この市場の凍結を避けるためにターゲット2が作動するわけです。だからターゲット2純債務がゼロに近い状態だったギリシャ、アイルランド、ポルトガルのターゲット2債務がそれぞれ一〇二〇億、九七〇億、六三〇億ユーロに達したのです。また、居住者による国内銀行からの預金逃避もこのインバランス拡大を増長させたのです（図4－9）。

以上の説明と照らし合わせれば、ドイツがターゲット2を通じて周縁の経常収支赤字国にファイナンスをしているというジン教授〈Sinn & Wollenhäuser〉のオラクルは妥当しません。安全とみなされるドイツの銀行は資本流入で余剰資金が貯まるので、自発的にドイツ連銀からの借入を減らしているのです。したがって、ドイツ連銀がターゲット2ファイナンスのために国内への信用供給を減らしているという同教授の説明も妥当しないのです。

この点はユーロ圏の多くの中央銀行が説明していることなのですが、不可解なことに日本の学者の多くはジン教授の説だけを紹介し、ユーロ圏の諸中央銀行の説明を見ようとしません。ターゲット2問題のターゲットをはずしているようです。

銀行の信用が回復すると銀行間市場の貸し借りが回復するので、ターゲット2インバランスは減少するわけです。銀行はＥＣＢ／ユーロシステムからでなく、市場で資金調達できるようになるからです。このように言い切ったのがブンデスバンク理事のナーゲルであり（二〇一二年八月三一日）、その予想は後の事態の推移をピタリ当てています〈Nagel〉。

ブンデスバンクはターゲット2に関する批判には誤解があるとくり返し指摘してきました。ジン教授などの説を意識しているのでしょう。同行総裁ヴァイトマンも、「ドイツ連銀のターゲット2債権はそれ自体リスクにはならない。なぜなら、通貨同盟が瓦解するかもしれないという考えが全く馬鹿げていると考えるからである」と明言していました（二〇一二年三月一三日付のフランクフルター・アルゲマイネ新聞：『ＦＡＺ』紙への寄稿："What is the origin and meaning of the Target 2 balances?"）。

閑話休題（一）　実際、同総裁はターゲット2問題に関する誤解をとくために二〇一二年三月一三日付『ＦＡＺ』紙へ寄稿したのです。この寄稿は、三月一日付の同紙が同総裁の主張を歪曲して伝えている点を正すものなのです。何と同紙はドイツ連銀総裁がジン教授の意見に傾いていると紹介してしまいました（電子版ＮＹタイムズ紙も同じ論調）。この報道をウェラン教授は痛烈に皮肉っています。同紙の報道が正しければ、ブンデスバンク総裁ヴァイトマンはターゲット2の仕組みを知らないか、それとも、ジン教授のくどくどとした文書に慣れきっているドイツの国民の御機嫌取り屋になってしまったかのいずれかであるが、どちらもつまらぬ憶測だそうです〈Whelan ①〉。ちなみに、ウェラン教授はＦｅｄやアイルランド銀行にも所属していた経歴の持ち主であり、ジン教授を暗に「恐怖を煽りたてる輩」（scaremonger）としています〈Whelan ②〉。

その一方、日本のＴ①教授はジン説を高く評価し、同紙三月一日の記事を紹介していますが、その紹介内容と対立するはずの三月一三日の同紙に掲載されたヴァイトマン寄稿も取り上げず、本書が再三、紹介しているビィター諸論文（ジン教授の説を鋭く批判）には言及していないのですが、何とそのビィターを高く評価しているのです。蛇足ながら、本書に挙げたイタリア中央銀行資料（図４―８の文献、３）は、ウェラン、ビィターによるジン批判は有効であると紹介しています。

こうしてみると外国で盛んだったターゲット２論争に関し日本の学者は鎖国状態にあったようです。この点、フランスのエスプリが最高でしょう。フランス銀行総裁ノワイエはジン教授のターゲット２インバランスの説に関し、「私からみれば、そのような分析はまったく作り事であり、経済学的にもナンセンスである」〈CB：23〉という感想を表明しています。

さてこの章の最後にターゲット２不均衡問題の核心について再確認しておきます。銀行と国家の債務返済能力へ懸念が高まり、銀行危機とソブリン危機が一体化する事態にまで発展し、これが銀行間市場の取引の凍結におよび、それを打開すべくユーロ圏中央銀行間相互の貸し借りが増大し、ターゲット2債権、債務の不均衡の累積をもたらしたのです。そしてユーロ圏内の南北間の資金偏在という金融分断化現象はユーロ瓦解の引き金になりかねない。だからECB総裁ドラギは欧州議会に警告したのです。「特定の国がずっと債権国であり、一連の国が債務国であるEUはあり得ない」(『FT』二〇一二年一〇月一〇日)。

第5章　ユーロ圏と米国の金融システムの効率性の差

1　金融危機以降、ユーロ圏の銀行部門は大幅に縮小

ユーロ圏の銀行部門は二〇〇八年の金融危機以降、大幅に縮小しています。二〇一二年末のユーロ圏全体の銀行部門資産（連結ベース）は二〇〇八年からほとんど一二％も減少し、二九・五兆ユーロになりました。ユーロ圏の銀行部門はそれなりに合理化を進めています。コスト削減、レバリッジ解消、銀行部門のリストラの推進です。二〇一二年末までに信用機関の数は一九一（純）少ない三・一％の減少、二〇〇八～二〇一二年の間でみれば五九二（純）少ない九％の減少です。減少数ではギリシャ、スペイン、ポルトガルが多く、フランス、イタリア、キプロスでも減少が目立ちます〈ECB, Banking Structures Report：518〉。

このレバリッジ解消の動きに対応し、銀行の債務構成も変化しています。預金の比重が戻り、顧客の預金がユーロ圏の銀行の債務に占める比率は二〇〇八年の四〇％（中央値）が二〇一二年には

四六％に上昇しています。一方、卸売預金への依存率は弱まり、二〇〇八年の三二％から二〇一二年には二五％へと下落しています。総資産に占める銀行間市場からの資金調達の比率も低下していま す。金融危機以前は三〇％あたりで推移していたのが、二〇一三年半ばまでに持続的に低下し平均二〇％となっています。過大に借り入れて資産運用する過剰レバリッジの解消の状況をよく示してい ます。金融危機の発生で銀行間市場からの資金供給をあてにしていた銀行も、いざというときは銀行間市場では資金を供給する側はお金を手元にしまい込み資金退蔵に走るという手痛い経験を学んだの でしょう。だから銀行はより安定した資金調達を求めているわけです（預金へのシフト）。

ただ、注意すべきはこの卸売預金依存の低下は中央銀行借入の増加を伴っていることです。これは市場で資金調達できなくなった銀行が中央銀行に駆けこんでいることを示します。ユーロ圏の場合、預金債務に対する中央銀行貸出の比率は二〇〇八年末の約五％が二〇一二年第２四半期の約八・五％に上がっています（各国の非加重平均）。この上昇は期間三年の超低利資金ＬＴＲＯ（総規模一兆ユーロ程度）を利用した銀行が多かったためです。債券発行による銀行の資金調達の比率も急減しています。二〇〇八年初め、金融危機の始まる直前は、銀行の総資産に占める債券発行の平均値は一四％未満だったのが、二〇一三年までに半分の七％程度に落ちています〈ECB, Banking Structures Report : 16, 18–20〉。

2　金融危機以降の回復具合で著しい差の目立つユーロ圏と米国の銀行

米国の銀行は二〇〇八―〇九年以来、収益性が回復しています。経済が回復し、銀行のローンの損失も減り、安定的な手数料収入、自己勘定取引の収益も増加しています。これに対し、ユーロ圏の銀行は第一次の世界的金融危機（リーマン・ショック）ばかりか第二次の世界的金融危機（ユーロ・ソブリン危機）があり、米国の銀行に比べ回復が遅れています。図5―1、図5―2は双方の対照性をクッキリ示しています。たとえば、資本収益率で米国とユーロ圏の銀行は二〇〇八年の恐慌から共に回復したものの、ソブリン危機後の両者の動きは完全に二極化しています（図5―1）。米国のそれは急速に回復しているのに対し、ユーロ圏では下落したままなのです。このユーロ圏の銀行の不振は当然、株価の持続的低迷につながっています（図5―2）。帳簿価値に対する時価評価の市場価格（the price-to-book）はユーロ十大銀行の場合、五四・九％なのに、米国のそれは九七・五％です。これは市場がユーロ圏の銀行のバランスシートには多くの問題が潜んでいるとみている証しです。市場はユーロ圏の銀行のバランスシートには未だにかなりの損失が隠されていると疑うのです。これはソブリン危機と銀行危機の負の連鎖のダメージが残っているからです〈ECB, Banking Structures Report, November : 29-30 ; Sapir & Wolff : 6 ; Merler & Wolf : 6〉。

米国とユーロ圏の金融機関の収益力の差も目立ちます。米国の五大投資銀行はグローバル投資銀行

図 5-1　ユーロ圏の銀行と米国の銀行の資本収益率の比較（2002 年第 1 四半期－ 2013 年第 2 四半期）（%）

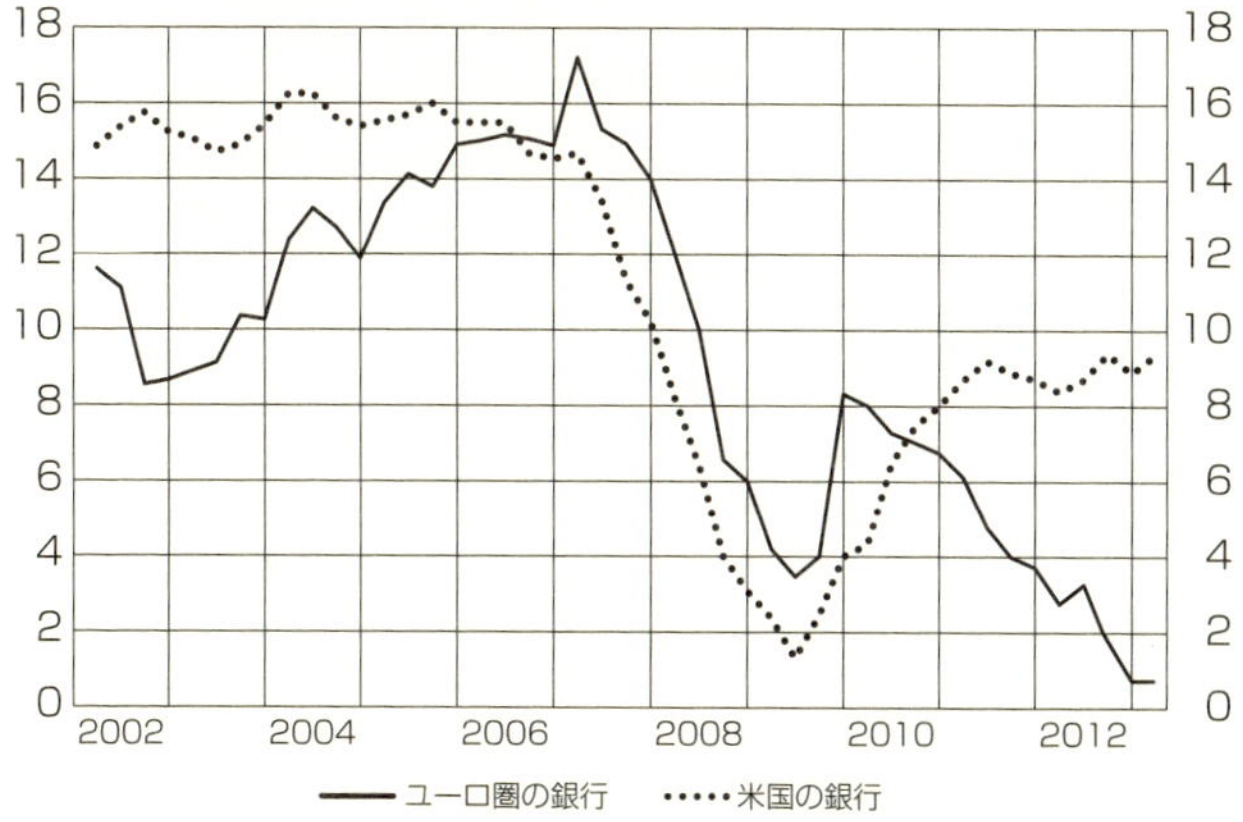

（出典）ECB, Banking Structures Report：29, Chart A. 1 より。

図 5-2　ユーロ圏と米国の銀行株の帳簿価値に対する市場価格の割合

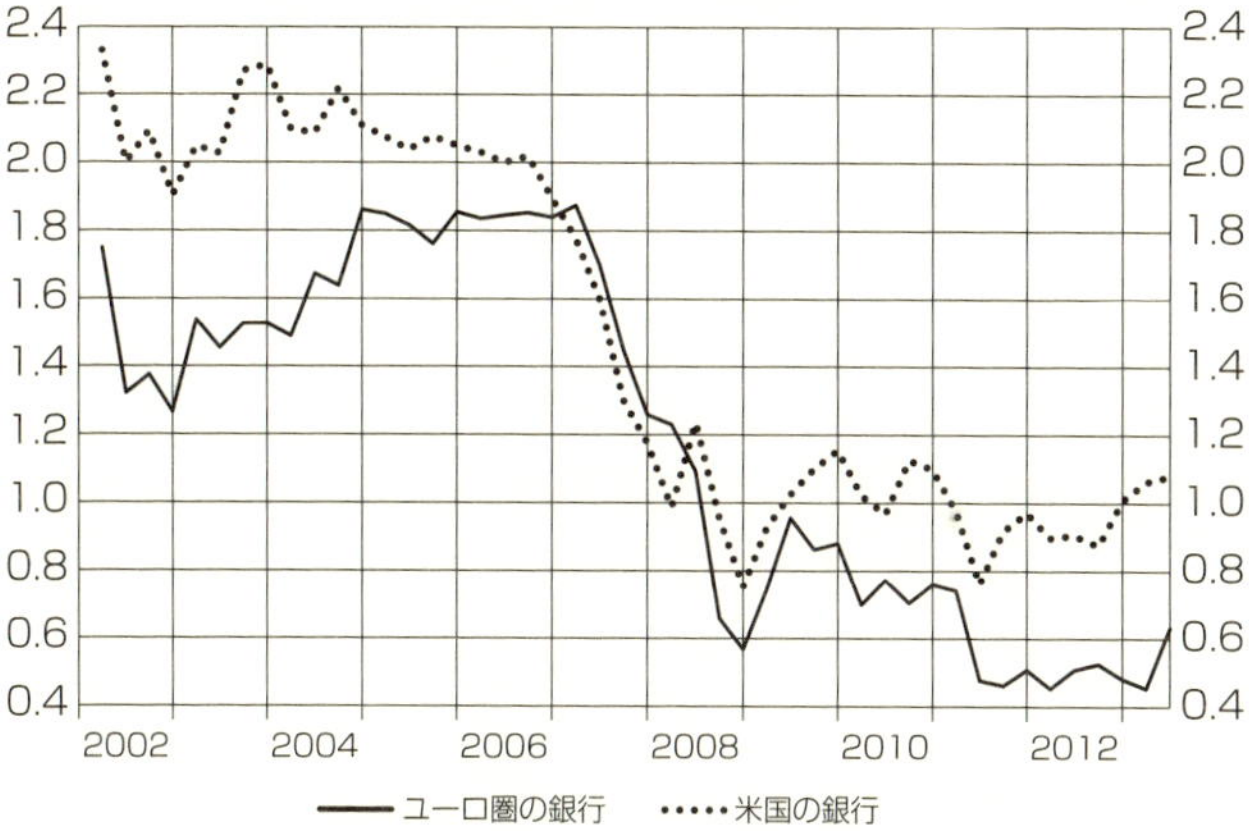

（出典）図 5-1 と同じの Chart A. 2 より。

図 5-3　ユーロ圏と米国の不良債権の推移（2009 － 2013 年）（%）

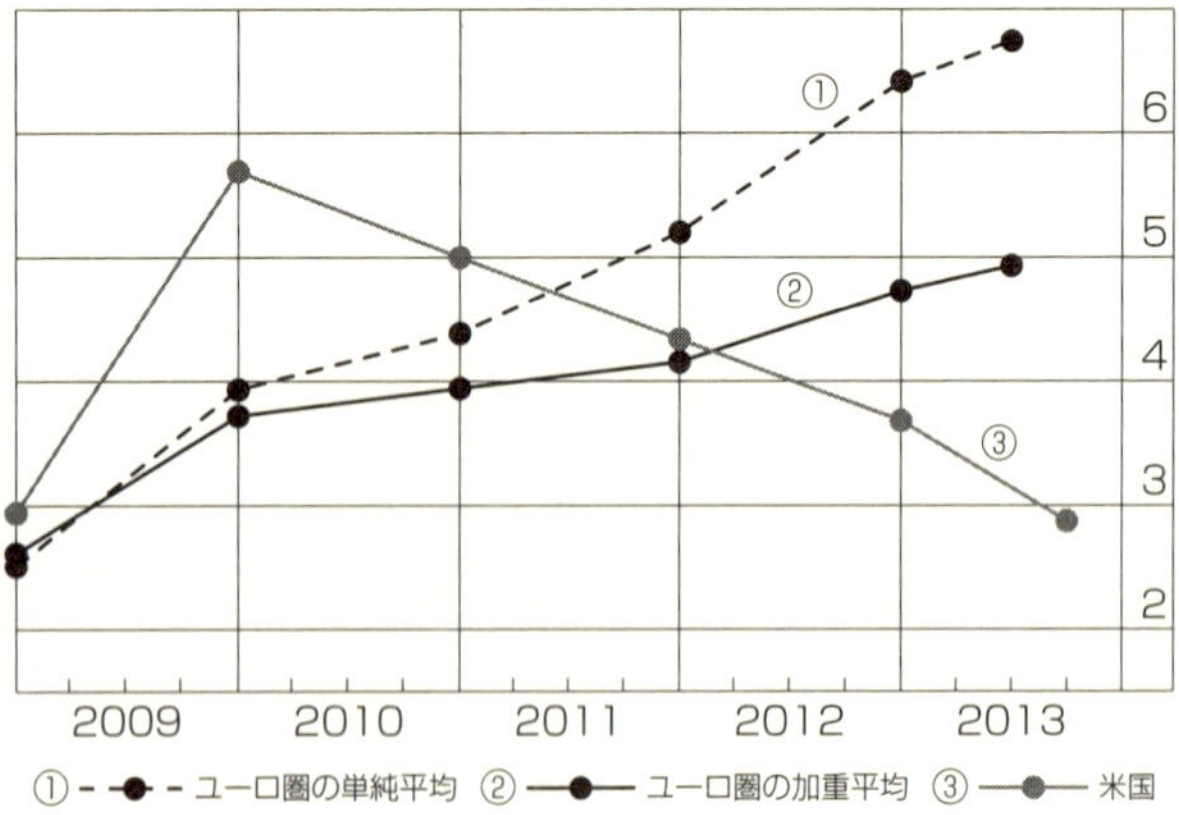

（出典）BIS ③：12 より。

業務の手数料収入の市場シェアを二〇一二年第1四半期の二九%から二〇一三年第1四半期に三五%へと増加させていますが、欧州の五大投資銀行業務は二〇%以下です。支出構造でみても、米国の銀行は二〇〇九〜二〇一二年の間に貸し出し損失引当金を絶対額でも対収益比率でも減少させているのに欧州の大きな銀行は高いままです〈ECB, Banking Structures Report：36〉。不良債権の比率でも米国とユーロは実に対照的です（図5－3）。ユーロ圏は不良債権問題を引きずったままなのです。

　資産構成にも大きな差があります。米国の銀行はキャッシュ・バランスや流動性の高い資産の保有を積み上げました。その多くは政府機関債や財務省証券です。その一方、リスクの高い資産（ローンや自己勘定取引資産）を減少させています。とはいえ二〇一三年前半の場合、米国の銀行の総資産に占めるローンの比率は増加しています。これは超低金利環境の中で純利子マージンが圧縮しているためです。他方、ユーロ圏の銀行は国別に関係なく政府債券の保有を増加させています。また現金や中央銀行においてある預金が増加しています。これはＬＴＲＯを反映しています。これを受けた銀行の多くがその資金を中央銀行においていたのです。銀行は中央銀行から受けた資金を必ずしも実体経済に回していないわけです。もちろんＬＴＲＯの返済が進むとこの中央銀行へ預ける資金が減ります〈ECB, Banking Structures Report：34〉。

外国資産の増減状況も対照的です。ユーロ圏の銀行は外国資産を二〇〇九年末から二〇一三年第1四半期の間に二〇％も減少させています。レバリッジ解消のためですが、米国の銀行は同期間に一〇％も外国債権を増やしています〈ECB, Banking Structures Report, November 2013：33〉。

その一方、ユーロ圏の銀行の資本比率は二〇〇八年から二〇一二年の間に増加しています。ＥＢＡの資本要件に対応する必要上、資本増加とリスクの高い資産を減少させるレバリッジ解消が進んだわけです。この結果、資本比率（株式、優先証券等の中核 Tier1）は二〇〇八年の八・七％が二〇一二年には一二・七％へと増大しています。銀行の損失計上と引当金も増加しています（とくにスペインが顕著）〈ECB, Banking Structures Report：21, 25–26：IMF, GFSR, April 2013：52–55〉。

ＥＣＢ総裁ドラギによれば（二〇一三年一〇月一〇日）、二〇〇七年に金融危機が勃発して以来、ユーロ圏の銀行は二二五〇億ユーロの資本を調達しており、さらに二七五〇億ユーロの資本が諸政府によって注入されています。これはユーロ圏のＧＤＰの五％以上にのぼります。ユーロ圏の銀行の多くはすでに最低資本条件（バーゼルⅢ要件の完全履行）を満たしています。また金融支援を受けた諸国では問題となる不良債権を銀行のバランスシートからはずしており、利益の出る部門への貸し出しを減少させることはもはやないとのことです。しかしながら事は簡単にはいかないようです（本章の8節）。

3　金融危機の対応で一日の長がある米国

リーマン破綻以降、米国財務省は金融市場安定化策を次々に打ち出しました。リーマン事件直後の九月一九日にはＭＭＦ投資家に対する保証措置や、銀行が抱える不良資産をバランスシートから取り除くための不良資産救済プログラム（ＴＡＲＰ：the Troubled Asset Relief Program）を発表します。この財務省のプログラムに連動してＦｅｄも金融機関へ流動性を供給します。それまでは政府は金融機関に資本注入する権限はなかったのです。実はこのプログラムは九月二九日に上院で否決されたのですが、一〇月三日に修正ＴＡＲＰが承認されています。当時の株価急落もあり、金融危機対策上、金融機関に公的資金を投入するＴＡＲＰを議会は受け入れざるを得なかったのです。これにより、財務省は金融機関から資産と株式を購入できる権限を獲得したのです（ＴＡＲＰの金額上限は七〇〇〇億ドル）〈Barnanke：175〉。

二〇〇八年一〇月一四日にはＴＡＲＰ基金の二五〇〇億ドルまでを銀行の資本注入に投入することが公表されます。九つの銀行がこの公的資本注入に同意しました。一一月二三日には米国政府はシティグループに三〇六〇億ドルのローン供与と証券を保護すること、また、優先株式発行と引き換えに二七〇億ドルを資本注入することに合意しました。一一月二五日にはＦｅｄは小企業ローンを担保とする証券化商品に対するローンを拡大するために二〇〇〇億ドルのファシリティ創設を公表しています。また、別のプログラムでは、最大五〇〇〇億ドルまでを、国有化されたファニーメイ、フレディマックなどの住宅金融公社が発行する債券と不動産担保証券の購入のために用いると発表しているのです〈BIS②：3〉。

しかし注意すべきことは、Ｆｅｄの関連融資で発生した損失は財務省が負うということです。たとえば、財務省はＭＭＦに元本保証しています。保証の財源は財務省のものです。だからこそ、ＦｅｄはＭＭＦが保有するＡＢＣＰをノンリコース扱い（返済請求をしない）の担保として銀行に低利融資しているのです。米国の場合、金融危機対策上、財務省とＦｅｄはしっかり連携しているのです。

このＴＡＲＰ導入は従来のＦｅｄの役割を大きく変化させせます。これについて前英国首相ゴードン・ブラウンは、それまでは「最後の貸し手」であったＦｅｄが世界の「唯一の拠り所となる貸し手」（lender of only resort）となり、このＴＡＲＰの導入の後はついに「最後の拠り所となる買い手」（buyer of last resort）になったと特長づけています〈G. Brown, 2010：144〉。

Ｆｅｄの行動は財務省のバックアップなしにはおよそ不可能なことです。一見すればパラドクスのようですが、究極の最後の貸し手は中央銀行でなく、国民から借りたり課税できる財務省なのです〈Jonung：256〉。

しかも財務省やＦｅｄが投入している公的資金は投入した額以上で回収されています。米国財務省は二〇一三年七月の時点、ＡＩＧへの出資で五〇億ドルの利益、シティグループとバンク・オブ・アメリカに対する出資では四五億ドルの利益を得ています。財務省は七〇〇以上の銀行に合計二四五〇億ドルを注入しましたが、完全に回収しています。ＴＡＲＰで投資した額より以上のものを取り返しているのです。これは財務省の話です。Ｆｅｄの場合はベアスターンズの資産を二〇〇八年三月に三〇〇億ドルも購入しましたが、これから六六億ドルの利益をあげています。実に二〇％以上のリターンです。ＦｅｄはＡＩＧに八五〇億ドル貸し付けたものの、ＡＩＧは後に利子付きで返済しています。ＦｅｄはＡＩＧに対するローンと資産購入において一七七億ドルの利益を財務省にもたらしています〈Barnanke：135, 157-158〉、『ＦＴ』二〇一三年七月二三日、『ＷＳＪ』二〇一二年四月二五日、六月一五日、九月一〇＆一一日）。

公的資金を受けた住宅金融公社のフレディマックも住宅事情の好転と過去の会計損失評価が減少したため二〇一三年の年間利益は記録的な額の四八七億ドルに膨らみました。同社は二〇一三年第４四半期に八六億ドルの利益を計上した後、財務省へ一〇四億ドル支払います。同社は九期連続黒字なのです。またライバルのより強大なファニーメイは二〇一四年三月までに政府へ二〇二九億ドル支払います。これは二〇〇八年のベイルアウトで受け取った一八七五億ドルを超えるものです（『ＷＳＪ』二〇一四年二月二八日）。

ところがユーロ圏には、以上に紹介した米国財務省とＦｅｄにみられる密接な連携を担う機関はありません。米国財務省に相当する組織もユーロ圏にはありません。ユーロ圏には財政の連邦組織はない。ユーロ圏のクロスボーダーの金融危機（リーマン・ショックやソブリン危機）に対応する組織がありません。これをみても金融危機対策上、ユーロ圏は米国に劣るわけです。だからようやく今になって銀行同盟が構想されているわけです。

4　二〇〇八年リーマン・ショック時にユーロ圏諸国にカツを入れた英国首相ブラウン
…A ∅ Browning man will catch at a straw.

二〇〇八年九月の大半、欧州政府諸国は世界の金融危機の嵐が高まっている時、傍観しているだけでした。これに対し、アメリカはすでにみたとおり、連邦レベルで金融危機に対応し、リーマン破綻の数日後、七〇〇〇億ドルの金融機関救済政策（ＴＡＲＰ）を発表し、欧州政府にこれに倣うように求めましたが、欧州はこれを拒否しました。欧州の「毒入りまんじゅう資産」（toxic assets あるいは

legacy assetsと呼ばれる）は、それほど悪くないと主張していたのです。欧州側は偽りの安心感に浸っていたわけです。当時のドイツの蔵相シュタインブリュックに至っては「人の不幸を喜ぶこと」（ドイツ語でShadenfreude）で米国を批判し、「金融超大国」の終わりとまで言ってのけました。

しかし欧州の銀行も市場の圧力に曝され、各国政府は行動せざるを得なくなります。二〇〇八年九月三〇日、アイルランドは国内六銀行の預金を二年間全額保護すると発表します。この抜け駆け的な行動は、欧州の他の政府からみれば近隣窮乏化政策そのものです。英国ではBradford & Bingleyという銀行が部分国有化され、金融危機に伴い預金者の不安も高まっており、英国の銀行からアイルランドの銀行に預金が流出してしまったのです。そこで英国も預金保護の上限を現行の三万五〇〇〇ポンドから五万ポンドへ引き上げることを発表しました（『日経』二〇〇八年一〇月四日）。

リーマン破綻の衝撃が北大西洋を越える速さに狼狽し、欧州諸国は各国バラバラの、また近隣窮乏化政策のような政策に出た次第です。バラバラの内実を浮き彫りにさせたのは、ベルリンが二四時間以内に新たに一方的に処置を講じたことです。すべての貯蓄を保証するという政治的保証も入れたのです。その間、オランダ、ベルギー、ルクセンブルクの三国にまたがる銀行のフォルティスに関し、この三国は同行の自国部分だけの国有化に踏み切らざるを得なかったのです。多くのエコノミストやEU政府はもっと体系的な方法で対処すべきであると主張していた矢先のことです。米国ばかりを非難していたドイツのシュタインブリュック財務相もドイツの歴史上、未曽有の規模で自国の金融部門救済政策を打ち出ざるを得なかったのです。

そこでフランスのサルコジは欧州議長国の立場から欧州の統一行動を呼びかけます。二〇〇八年一〇月四日、欧州金融危機対応の最初のサミットで三〇〇〇億ユーロの欧州銀行救済基金構想を打ち上げましたが、ドイツなどの理解は得られません。しかしドーバー海峡の向こう側から助け船がやって来ます。英国首相ブラウンが画期的な金融危機対策を打ち出したのです。すなわち、金融機関に大量に資本注入したのです。そこで大陸欧州がもたついている間にサルコジとブラウンはいちはやく連携します。非ユーロ圏の英国がユーロ圏の銀行危機対策の手本を示したのです。

二〇〇八年秋のリーマン・ブラザーズ破綻から起きた国際金融危機に欧州の中で素早く対応したのは英国首相ブラウンであり、金融危機の中でいち早く国際的なリーダーシップを発揮しました。同年一〇月八日、ブラウンはワシントンでのG7に向け、英国大手銀行へ公的資本を注入する計画を発表しました。ブラウン首相は資本主義を埋葬するためでなく救済するためにワシントンに向かったのです。

英国は二〇〇八年一〇月一三日（月）、銀行システムへ三七〇億ポンドを注入する決定を下し、公的資本を主要銀行に注入し、金融システムばかりでなく実体経済を救う大胆な処置を打ったのです。次の日、米国政府は銀行システムへ二億五〇〇〇万ドルを注入することになり、欧州の諸政府も英国の政策へ追随し、フランスも自国の大手銀行にも資本注入しました。この連携に関し『FT』紙は、ブラウン英国首相の brain（頭脳）がサルコジの brawn（腕力）と合わさり、欧州は協調して銀行救済措置に乗り出したと見出しにしています。英仏の首脳の見事な連携の出来映えです。ブラウンによれば、「日本の経験が教訓になっている」そうです。かつての一九九〇年代の日本を意識したのです。「（九〇年代の）日本でも現在と同じ不良債権問題があった。教訓は迅速かつ断固たる対応が不可欠だということである」。日本にはそれが欠けていたので今回はそれをなくそうとしたのです（長部：四七、『The Banker』三〇、『FT』二〇〇八年一〇月一三、一四日、『日経』二〇〇八年一〇月一六日）。

以上紹介したような系統性のないユーロ圏の金融危機対策については、フランス出身トリシェ前ＥＣＢ総裁も自覚していたようです。二〇〇九年に入ると、ＥＣＢは欧州の銀行の監視責任を取る用意があると表明するようになったのです。将来の金融市場危機を回避するためにＥＣＢへの権限拡大を求めたのです。逆にいえば、それまでＥＣＢには銀行の監督権限がなかったわけです。二〇〇九年の時点でも、ドイツを含め、ユーロ諸国の規制当局はＥＣＢへ監督権限を委譲することに懐疑的でした。金融危機がクロスボーダー化しているのにＥＣＢは統一通貨ユーロ参加国がそれぞれバラバラに金融監督するという分断した制度の中で情報交換していただけだったのです。

さらに大きな問題があります。ロンドンという欧州で一番重要な金融センターを擁する英国はユーロに入っていません。そこにはユーロ圏を基盤とする多くの銀行が多くのユーロ建ての取引を手がけています。そのロンドンの英国はユーロ圏の単一の銀行同盟に参加するつもりはありません。となると国際金融センターのロンドンで営業する多くの銀行にはＥＣＢの銀行監督権限は及ばなくなるでしょう（〈米倉、二〇一二：一二五～六〉、『ＷＳＪ』二〇一二年七月五日、『ＦＴ』二〇〇九年一月二二日）。

5　米国よりも遅れているユーロ圏の銀行の整理

ユーロ圏の銀行は銀行数の整理でも米国に遅れています。米銀は二〇〇〇年代初めの八〇〇〇以上が二〇一二年には六〇〇〇ちょうど近くになっているのに、ユーロ圏の減少は緩やかであり、二〇〇八年には増加しているくらいです（ECB, Banking Structures Report : 31）。

銀行の合併・買収の数でも歴然とした差があります。米国の場合、二〇〇五～二〇一二年の間に銀行の合併・買収の件数は年平均で三四三なのに、欧州では五八にすぎません。しかもクロスボーダーの比率が少なく、大半は国内レベルのものです。外国保有の子会社や支店の比率は資産で見ても低いのです。

ＥＣＢ理事のメルシュによれば、その一つの理由は欧州全体にわたる監督と整理機関の単一システムがないことであり、これがクロスボーダー活動を阻害していたそうです（二〇一三年九月二六日）。ユーロ圏では金融市場における統合の力は弱いのです。ドイツ連銀理事のドンブレの見方によ

図5-4　米国の銀行の数の動きと大銀行の資産占有率の推移（1990 − 2008年）

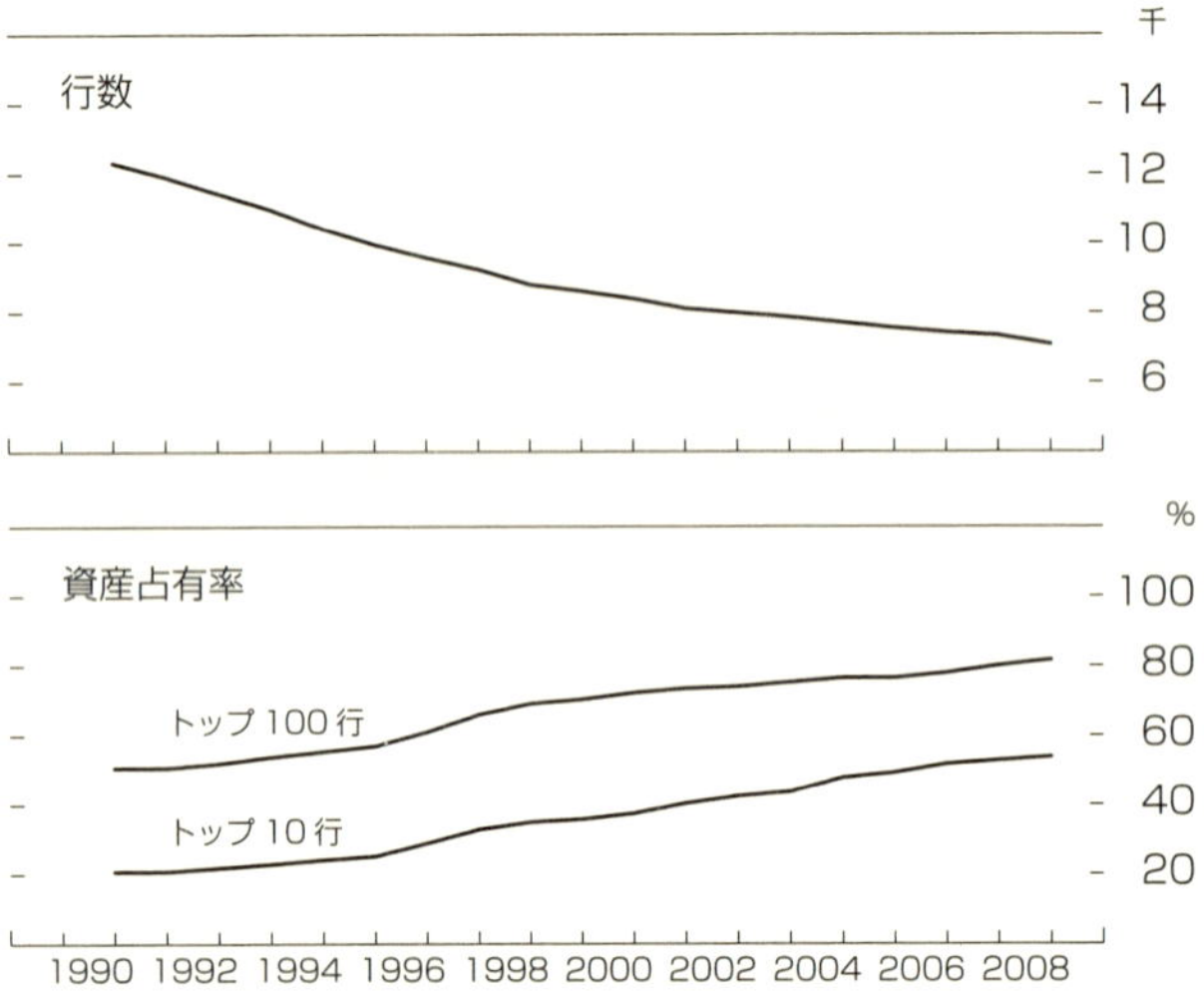

（出典）FRB：2009, A6より。

れば、ユーロ圏には強い銀行経営モデルがないのに市場を退場していない銀行が多すぎるそうです（二〇一三年一一月二二日、Sapir & Wolff : 5)。いわゆるゾンビ銀行です。

これに対し米国ではＦＤＩＣがあり、銀行を整理しやすい体制にあります。二〇〇八〜二〇一三年の間に米国では四九四の銀行が倒産しましたが、欧州でははるかに少ないのです。銀行倒産の集計公式数は、推定でユーロ圏で四九、その他のＥＵでは六四ですが、銀行援助の数では欧州の方が多く、これも銀行温存の傍証になるでしょう。アメリカの場合、二〇〇八年以来、一三の銀行がＦＤＩＣの支援を受けたのに対し、ユーロ圏では五〇の銀行が国家援助を受けました。またその他のＥＵの場合、三八行が国家援助をうけているのに、ＦＤＩＣは二〇一〇年以来、銀行の救済計画はありません〈Sapir & Wolff : 5〉。

ＦＤＩＣのおかげで銀行整理を混乱なく推進できているわけです。たとえば、カリフォルニアの銀行（IndyMac）は三二〇億ドルの資産がありましたが、二〇〇八年にＦＤＩＣに引き取られ二〇〇九年に他州の銀行に売られています。ところがユーロ圏には現在、ＦＤＩＣに相当する機関はない。しかもユーロ圏の場合、ＥＣＢの流動性供給やＥＬＡにより銀行整理は先送りされがちです。銀行整理の際に金融市場の統合を推進させるためには各国レベルでなく欧州レベルの方が望ましいはずですが、実際には銀行の整理権限は国家レベルで分断され、金融市場の統合も妨げられているのです。業務の展望の点から見ても、純粋の一国合併よりもクロスボーダーの合併の方が、収益性の低いリテール銀行部門の効率性を高めやすいはずです〈Sapir & Wolff : 8〉。実際の欧州の合併吸収は大半が国内レベルであり、外国保有の子会社や支店の比率は資産で見ても低いのです〈Sapir & Wolff : 5〉。他方、アメリカでは銀行の統合・整理が進んでいます。数が減るだけでなく、一〇大銀行、一〇〇大銀行の総資産に占めるシェアは危機以降、次第に上昇しているのです（図５－４）。

6　資本市場を汎ユーロ的に活用できていないユーロ圏の銀行

さらにユーロの銀行は資本市場を有効に活用していません。ＥＵ二七カ国ではローン＋証券（株以外）の債務に占めるローンの比率は非金融会社で八七・五％、ユーロ圏一七カ国の場合（二〇一一年末）では八九・七％です。これとは対照的に、米国は二六・一％です（二〇〇七年の四一・六％）。くわえて資本の強化も十分でないので銀行は構造的に弱くなり、信用を十分に供給できない。真の単一の資本市場の完成が待たれます。「銀行はヨーロッパ的になるべきである」〈Sapir & Wolff : 2〉という主張がユーロ内部から出てくるのも当然のことでしょう。

ユーロ圏の株式市場も米国のそれよりずっと小さく、上場企業の所有はかなり一国主義的です。金融機関と企業の株に占める外国所有の比率もユーロ圏では非常に限定されています。欧州の資本市場の統合が進めば欧州の非金融部門も、銀行借り入れよりも他の資金源の機会が提供されるはずですが、社債のクロスボーダー所有は発展途上の段階です。完全に統合された市場に期待される比率よりもかなり低いのです。資本市場ではクロスボーダーの株式所有は低く、未発展の社債市場は資本配分の効率性を弱め、クロスボーダー的なリスク共有を妨げています。欧州の資本市場は欧州国家間のリスク分担の機会を活用しきれていないのです。

これは金融危機の時、問題になるでしょう。なぜなら、リスクがクロスボーダーに分散されていないため、一国の株価下落の衝撃が国内に集中するからです。ポートフォリオをユーロ圏全体に分散させるという、本来想定されている統合性に反しているわけです。リーテール銀行業務も国境でかなり限定されたままです。外国保有の支店や子会社の総資産は概して国内銀行システム資産の小部分を占めるにすぎません。ただし小国では外国の金融機関の比重が高くなりますが〈Sapir & Wolff : 3, 6-7,

9–10〉。

要するにユーロ圏の銀行と資本市場システムはかなり一国主義的なのです。通貨は単一通貨ユーロに統合されているはずなのですが。もしもっとうまく統合された株式市場があれば、ユーロ圏が直面していた大きなショックはもっとうまく吸収されていたはずです。資本市場の育成も大きな課題です。銀行の数と規模の整理が必要でしょう。アメリカの場合、それがユーロ圏よりもうまく進んでいます〈Sapir & Wolff : 7, 11〉。

7　銀行査定に伴いユーロ圏の銀行に不良債権と資本不足が増加する懸念

『FT』紙（二〇一三年一〇月二九日）によれば、欧州の銀行の不良債権はこの四年間にちょうど一・二兆ユーロに達しており、経済の不確実性のため、あるいは今後実施される銀行のバランスシート査定で不良債権は増加する見込みです（二〇〇八年は五一四〇億ユーロ）。その中心は当然ながら、ユーロ・ソブリン危機にあったスペイン、アイルランド、イタリア、ギリシャです。不良債権をはずしてバランスシートを強化するのには数年かかるようです。問題はバランスシートに保有される資産の査定においても不良債権の定義が各国でマチマチであることです。実際、財政当局との兼ね合いもあり、銀行が不良債権の償却や引当処理を増やして損失を計上すれば銀行の収益は悪化します。これは税収の減少、貸出抑制になるので、不良債権の処理を阻む要因になりかねません。しかし、E

ＣＢのバランスシート査定が進むにつれて、ローン引当金の積み上げや不良資産の売却が進むそうです。この買いに特に熱心なのが米国のファンド、次に東アジアの投資家やソブリン富裕基金（wealth funds）だそうです

特に問題とされているのがイタリアです。スペイン、アイルランド、ポルトガル、ギリシャは国際救済を受けており、資産は検査済みですが、イタリアはまだ対外的検査にさらされていないからです。もちろんイタリア側は不良債権の定義は厳しくしていると反論していますが、イタリアの成長力の弱さや、銀行が大量に自国の国債を保有している点は不安材料です。したがってストレステストのやり方次第ではイタリアの銀行は大きな資本注入を余儀なくされるでしょう。しかしそれに平行して銀行がこぞってバランスシートの改善競争に走ったり、公的資金が必要の場合にもＥＣＢがベイルインを強いれば市場のパニック・リスクが高まります。以前ＥＣＢの政策担当を務めたことのある人物はこれを「典型的なユーロ・マゾヒズム」と呼んでいるそうです（『ＦＴ』二〇一三年一二月一二日）。

銀行のバランスシートの健全化を求めているＥＣＢ総裁ドラギもこの点を強く意識しているようです。一方では、「銀行部門の創造的破壊を促進しながら、実体経済にも及ぶ創造的破壊を促進し景気回復を支援できる」としながらも、他方では、良いレバリッジ解消と悪いレバリッジ解消の区別を強調し、前者の良いレバリッジ解消を推進することを金融機関に求め、そのために必要ならばＥＣＢは金融緩和政策を強化すると表明しています（二〇一四年三月一三日）。

マイナス金利の導入も示唆しているくらいです。なぜなら、ユーロ圏にはデフレ問題が付きまとっているからです。二〇一四年三月にインフレ率は〇・五％であり、二〇〇九年一一月以来最低の水準です。ＥＣＢは二〇一六年末までインフレ率は目標の二％を下回るとみており、レバリッジ解消の動きにあわせて金融の量的緩和を強化する姿勢であり、場合によってはマイナス金利もありえることも仄めかしていたのです（『ＦＴ』二〇一四年四月一日）。デフレ作用とレバリッジ解消が複合すれば資産価格を押し下げ、銀行の不良資産を増加させかねないからです（実際、六月五日にＥＣＢは銀行がＥＣＢに預けている残高の金利をマイナス〇・一％とする決断をしています）。

その場合、良いレバリッジ解消とは、内部留保積み上げや株式発行による資本の積み上げであり、信用削減よりも資産の仕分け区分化（carve out）による貸し出し先の新旧の組み替えをすることである。これを促進するのがバランスシートにある資産包括的な査定であるというのです。これに対し、悪いレバリッジ解消とは資産の投げ売りを伴う行きすぎた急激なレバリッジ解消です。もちろん不良資産の価値回復を期待してレバリッジ解消を過度に先延ばしするのはよくない。それではダメな企業に資金が回り、新たな良き借り手に回らなくなるからです。以上がドラギの良いレバリッジ解消と悪いレバリッジ解消の区分です。とはいえ、ＩＭＦの二〇一四年四月の報告書によれば、主要な欧州の銀行のレバリッジ解消が著しく進展しています。非中核資産やレガシー資産を放出しています

〈IMF, GFSR, April 2014 : 52〉。

イタリア銀行総裁イグナチオもイタリアの状況を懸念しています（二〇一四年二月八日講演）。それによれば、イタリアの企業への貸出減少は続いており、二〇〇七年末から二〇一一年秋までにおよそ一四％増加した後、過去二年間にわたり九％以上も減少している。経済も不確実であり、信用需要も弱い。信用制限は弱まったものの、多くの企業、特に小企業は信用を得るのが困難である。しかし二〇一三年第3四半期以来、既存のローンに対する新規不良債権比率は減少しており、今後数四半期も実質安定したままであると推定されている。イタリアの企業とユーロ平均の新規ローン・コストのギャップは一二月には八〇ｂｐに下がったものの（二〇一二年末はほとんど一〇〇ｂｐ）、依然として大きいままです。イタリアの銀行は二つのＬＴＲＯで二五五〇億ユーロを得ていたのに、最大級の銀行を中心に六四〇億ユーロを返済しており、卸売市場の資金調達状況がよくなれば残りの分の返済も促進されると見込まれています。

しかしながら不良債権の比率が高いことにかわりありません。二〇一三年一二月は九・一％に達しており、二〇〇八年末よりもおよそ七％も高い。企業へのローンの場合、三％から一三％に増加している。二〇一二年九月から二〇一三年九月の間に不良債権引当率は三八・三％から三九・九％へと増加している（イタリアの銀行の平均）。このため、この資産悪化に備えた引当金が銀行の収益を圧迫している。二〇一三年最初の九カ月、引当金は業務利益の四分の三を食いつくしており、資本収益も特に低い。さらにイタリアでは不良債権を処理する市場は未発達なので、不良債権は処分されにくい環境にあるそうです。

もちろんイタリアの銀行も不良債権問題に取り組んでいます。イタリアの銀行最大手のユニクレディトはECBの資産査定の動きに対応し、不良債権を一括処理しています。この結果、二〇一三年一二月期の最終損益は一三九億ユーロの赤字です（同社の過去最大の赤字）。買収した金融機関ののれん代の減損処理も膨らんだわけですが、同行は一四年一二月期には二〇億ユーロの最終黒字に転換すると予想し、一八年一二月期に最終利益を六六億ユーロに引き上げる計画であり、増資の必要のないことを強調しています。このため、同社株は約六％上昇しました。ウニクレジットは二〇一八年までに中核資本比率（a common tier one equity ratio）を一〇％にすることになっているものの、アナリストによればそのためには新規に二五億ユーロの新規資本が必要とのことです。しかし、同行はイタリアの銀行で最初にバッドバンクを設け、八七〇億ユーロのイタリアのローンを取り込んでいます（そのうち、三分の二は不良資産）。そして二〇一八年までおよそ五五〇億ユーロのローンが処分されます。二〇一三年第4四半期に九三億ユーロの不良債権引当金を積み、同年の合計の分は一三七億ユーロです。同行によれば、この引当金は昨年末の不良債権の五二％をカバーしており（昨年九月末の四五％から上昇）、シティバンクのアナリストによれば、予想したよりも将来の収益性はよくなっているとのことです（『ＦＴ』二〇一四年三月一二日、『日経』二〇一四年三月一二日）。

８　ユーロ圏の銀行の資本不足対策としては覚束ない公的資金の後ろ盾

多くのイタリアの銀行もウニクレジットと同じ様な行動をとると同行首脳は語っています。この資産査定に続き夏にはストレステストが行われます。双方の結果は一〇月に公表されます。それまでに問題のある銀行は対応します。銀行は昨年までに独立に評価されていなかったローンの再評価を求められます。

しかしそれには例外もあります。たとえばドイツの銀行は住宅不動産担保ローンを別扱いするよう要求しています。ドイツの不動産市場は安定しているので最初のローンが行われた後も再評価の必要性はないというのです。ドイツの多くの銀行は住宅不動産担保ローンの査定は受けていないのです。一方、ＥＣＢ側はすべてのドイツの銀行がこの査定免除になるわけでなく、資産分類の対象には例外はないとしています（『ＦＴ』二〇一四年三月一三日）。

ところでこの資産査定の結果に対する備えは十分なのでしょうか？　実は必ずしもそうでないようです。実際、ＥＣＢメルシュ理事は資産査定の結果、判明する銀行の資本不足に対しては公的資金の供給径路を用意しておく方が安全であると主張しています。同理事はスペインの銀行を例に挙げ、欧州の銀行は二〇一三年九月下旬からみた二年前よりも強い状況にあると強調しています。スペインの銀行は八四〇億ユーロも引当金を積んでおり（貸出の一〇・五％）、二〇〇八年以来、新規資本を二二〇億ユーロ調達しているそうです。しかしこれでも資産査定により資本不足を埋める必要が生じる可能性は否定できない。だからこれに対処する防護措置が必要だというのです。

もちろんそれは公的資金です。この後ろ盾がないと、査定の結果次第では銀行部門の信認喪失につながる。もし検査でほんの少々の資本増強ですむとなると、市場は公的資金を節約するために査定をごまかしたと思うだろう。その逆に多くの資本需要の必要性が判明すると、公的資金の歯止めがないので、市場はそれがどのように満たされるのか不安となる。したがって、公的資金という後ろ盾がなければ、資本不足があろうとなかろうと、査定を通じて獲得すべきはずの信認は失われてしまうというのです（二〇一三年九月二六日）。この懸念は銀行同盟の最終案に至った二〇一四年三月末の時点でも払拭されていません（本章2、第3章）。

欧州の経済の八〇％が銀行部門の金融で成り立っており、この分野が持続的に回復することが重要なはずですが、実は不良債権問題が経済の回復を妨げる要因になる。なぜなら不良債権が処理されず、そのまま保持され続ければ、新規の信用が抑えられます。これでは新たな生産性のある革新的な企業へ信用供与が促進されず、疲弊した企業が人為的に存続させられてしまうというのです（メルシュ理事：二〇一四年三月七日）。

このような不良債権処理の手控え問題（lender forbearance）は二〇一三年のＥＢＡの報告にも指

摘されています。これによれば、「不良債権処理の手控えは全般的ではないが、広がっている」そうです。この手控え方式が資産の質の評価を困難にしており、必要な引当金や資本の潜在的な損失の規模の評価を困難にさせているというのです。リスクウェイト資産の計算に関しても、銀行でもばらつきがひどく、会計、規制、ビジネスモデルの違いでも説明できないくらいです。ＢＩＳもこの点、市場のリスクウェイトがマチマチであることは一般に利用できるデータからは説明できないとしています〈IMF, GFSR, Apr. 2013 : 19〉。

9　ユーロ圏の銀行のレバリッジ解消推進の副作用 ‥なかなか解消されないユーロ圏の中小企業金融問題

「創造的破壊」の名のもと、「良い」形のレバリッジ解消の推進が期待されるわけですが、銀行貸出が抑制されれば特に深刻な打撃を受けるのがユーロ圏の中小企業（ＳＭＥ）です。ユーロでは企業の三分の二以上の外部金融は銀行ローンであり、中小企業の場合、この比率はさらに高くなります。これと対照的に米国では銀行ローンが企業の外部金融にしめる比率は三分の二以下です（ドラギ‥二〇一三年一〇月九日）。ＥＣＢの調査では中小企業の資金繰りの困難さが伝えられています。ギリシャ、アイルランド、スペインは四〇％以上が資金繰りの障害に遭遇し、フランス、フィンランド、ベルギーではその比率は二〇％以下、ドイツ、オーストリアでは約一〇％程度です（メルシュ理事‥

二〇一三年一一月一三日)。

二〇一三年春の時点でもイタリア、スペインでは中小企業への貸出が急速に縮小していました。ユーロ圏に対する不確実性が高まり、銀行は膨らみすぎて過剰となった債務を軽減しなければならず、中小企業へのファイナンスがそのとばっちりをうけているのです。二〇一三年一一月までの一二カ月の間、大きな企業は銀行借り入れの減少を債券発行で相殺できたのですが、たいていの中小企業や苦境にある企業はそのような代替策は不可能です。

そこでＳＭＥへのローンの証券化の方法がＳＭＥの資金調達を促進する方策として検討すべき対象となります。この証券化に応じ得る資金は豊富です。二〇一三年六月の場合、年金、保険、ＭＭＦ、投資ファンドをあわせるとほとんど一六兆ユーロの資産があります。これはユーロ銀行預金の額より一兆ユーロ少ないだけです。このノンバンクの保険、年金の豊富な資金がローン証券化の受け皿になれます。したがってＥＣＢも貸出対象の担保としてローンのセット（証券化商品）が利用されるべきである。その場合、ヘアカット（実質貸出金利）の率も緩和しなければならないと主張しています。とはいえ、欧州では二〇一三年一一月の時点、資産担保証券市場が低迷しているのも事実です（メルシュ理事：二〇一三年一一月一三日)。

もちろん銀行が急激にバランスシートを縮小し貸出を縮小するのは景気にマイナスとなるという意見もあるでしょう。しかしこれを米国とユーロで比較するとどうすればよいか判断ができます。

図 5-5　ユーロ圏の中小企業の融資申し込み受け入れ状況（%, 2010－12 年）

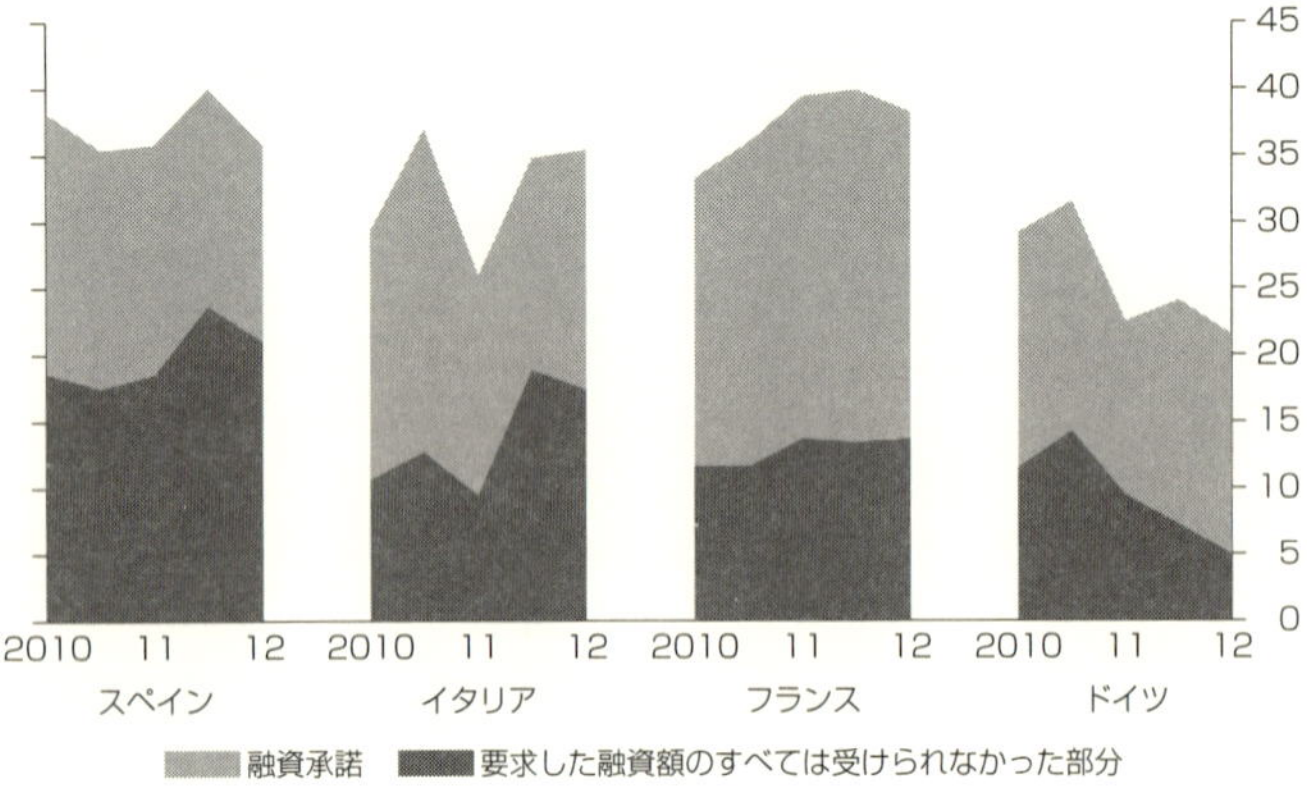

（出典）IMF, GFSR, Apr. 2013：12, Figure 1.25 より。

実際、イングランド銀行総裁ガーナーは、銀行のバランスシートを修復すると貸し出しが削減されるので景気回復を遅らせるという議論に対し、実際には逆になっていると説明しています（二〇一三年八月二八日講演）。資本を再補充し、バランスシートが修復されると銀行システムと経済が繁栄を取りもどした例として米国の銀行を紹介しています。米国の銀行は恐慌以来、資本を強化した。その結果過去二年間で、米国の銀行は貸し出しを八％以上も増加させているのに、連合国のそれは一％も減らしている。そしてユーロ圏の場合も、資本強化の遅れが貸し出しの低迷につながっている。これがいっそうハッキリしているというのです。

とはいえ、SMEに対する貸出はイタリア、スペインでは急激に縮小しています。銀行のバランスシート調整の負担がSMEにかかることが問題となっています。また両国やギリシャの場合、地方や自治体レベルの政府債務の返済の遅れは大きな問題となっています〈IMF, GFSR, April 2014 : 12, 45〉。特にSMEは資本市場を利用できず、ユーロ圏ではSMEの二%だけが債券発行を利用しているにすぎません。特に二〇一一～一二年にイタリア、スペインでは銀行ローンを求めても得られないSMEの比率が増加しています。それはドイツと対照的です（図5－5）。そこでECBは銀行のバランスシートの負担や資金調達コストをかなり軽減する措置をとっています。つまり金融緩和政策の継続強化です。

ユーロ周縁諸国の銀行は資本の損失や弱い経済にさらされており、景気の低下に非常に脆い。報告されている不良債権に比べ資本となる緩衝装置は弱いのです。銀行の収益性も貧弱であり、資産価値の低下も継続している。担保は追加的緩衝装置になりえるとしても、担保のデータの多くが開示されていない。だから危機の時にそれが予定どおり換金できるのかどうかも不確実です。その評価の方法も国や銀行でマチマチなのです。このため担保があるとしても、追加的損失の吸収能力を比較するのも困難です。不良債権の定義も国毎にマチマチであり、各国間の比較もややこしくなっています〈IMF, GFSR, April 2013 : 17 : IMF, GFSR, April 2014 : 18〉。

第6章　異形の中央銀行ECB…一般の中央銀行の内実をすべて欠いている「中央銀行」の解剖

1　ECBがユーロ通貨発券機関になり得ない事情（一）…銀行同盟導入以降もECBの本質に変化はなく、せいぜい銀行監督機能が追加されただけ

二〇一二年ロンドン・オリンピックの開会式で、ビートルズのジョン・レノンの代表曲「イマジン」が演奏されました。幾分調子外れになった部分が耳についたことも一興でしたが、筆者は統一通貨ユーロの状況を「イマジン」しました。「連邦政府なき統一通貨の状況を思い浮かべてみて。むずかしいことじゃないよ」、そんなことをすれば、「夢想家だといわれるかもね。でも、そんなことをするの私一人だけじゃないよ」。

この章ではユーロシステムの中枢をなすはずのECBの実相を取りあげてみます。この6章で取り扱うECBは、ECBとユーロ圏各国の中央銀行から成るユーロシステムから切り離した単体のEC

Ｂをさします。意外なことに、その実相はユーロ専門家の間でもあまり知られていません。そこには、「イマジン」されているＥＣＢとは相当、隔たりのある実態があります。

たとえば、ユーロ銀行券を発行している機関は何か？　ＥＣＢと思う人が大半でしょう（＝ちがいます）。またＥＣＢは銀行券発行に対応する中央銀行業務をしているのか？（＝していません）。このような問題をひとつひとつ取ってみても、現実のＥＣＢは、「イマジン」どおりにいかないのです。

本章の狙いはただ一つ。ＥＣＢのベールをはぎ取り、通常の中央銀行とは大きく異なる特徴を刻印されているＥＣＢの額に迫ることです。このことが昨今のユーロ・ソブリン危機を加速させ銀行同盟を迷走させる一要因になっていることも明らかにしています。

さて本章の本題に移ります。ＥＣＢはもっぱら金融政策に特化した特殊な中央銀行なのです。一般の中央銀行業務は行っていません。読者の方はすぐには信じないでしょうが、一般の中央銀行に基本的に備わっているはずの三つの機能（発券銀行、政府の銀行、銀行の銀行）を備えていません。ＥＣＢの権限はもっぱら金融政策に限られます（銀行同盟の発足以降は銀行監督が追加）。その目的は物価安定です。

これに対し、米国のＦｅｄは物価安定ばかりでなく雇用最大化、金融システムの安定維持と金融システミックリスクを抑制することも守備範囲になっています〈FRS, 2011：1〉。ところがＥＣＢは、景気対策とか雇用はユーロ各国政府の責務としています。ＥＣＢにとって物価安定が主な責務であり、金融安定や雇用は政府の責任なのです。この意味では他の中央行に比べはるかに楽な仕事の中央銀行なのです。

しかしＥＣＢとともにユーロシステムを構成する各国中央銀行はそういうわけにはいきません。金融政策の権限はＥＣＢに移管されていますが、ユーロ圏の多くの中央銀行は金融安定化と銀行監督の権限を保持し続けています。その点、ユーロ銀行同盟が立ちあげられても銀行監督の権限はＥＣＢだけでなく各国中央銀行や金融監督機関にも残り続けます（第1～3章参照）。ユーロ圏の各国中央銀行は自国政府財務省との関係で濃淡に差はありますが、金融システムの安定化にも一種の責任を負うのです。これに対し、政府から独立している超国家機関のＥＣＢには金融システム安定の責務は何も明記されていません（「最後の貸し手」の責務も無記載）。

実際、ＥＣＢの組織自体もユーロシステムのなかで大きくありません。二〇〇五年末、ユーロ圏の各国銀行の職員数は合計四万九〇〇〇人なのに対し、ＥＣＢは一三〇〇人です。各国中央銀行の職員は非ユーロ業務に従事している分もありますが、それでもユーロシステム全体に占めるＥＣＢ職員の割合は五％を越えないそうです〈ECB, 2006：51〉。

この場合、ＥＣＢの定義は本書の第5章までのそれとはちがうことに注意してください。これまでＥＣＢと総称してきたのはＥＣＢとユーロ参加国銀行で構成されるユーロシステムのことを指していましたが、この章ではこのユーロシステムから切りはなされた単体のＥＣＢを扱います。

さて本題に戻ります。驚くべきことに、ＥＣＢはユーロ通貨を発行していません。ユーロシステムから切りはなされた単体のＥＣＢとＥＣＢ総称（ユーロシステムを含む）は大きくちがうのです。ここでは単体のＥＣＢを主題にしています。たしかにマーストリヒト条約上はこのＥＣＢ単体に通貨発行の権限があります。この条約によれば、ＥＣＢはユーロ銀行券発行を認める（authorise）唯一の権限があるとされていますが、しかしこのような権限があるということと実際に発券機関であるかどうかはまったく別問題なのです〈ECB, 2011：13：武田、二〇〇①：六三：武田、二〇〇四：四一〉。

では単体のＥＣＢが銀行券を発行する発券銀行になれない事情を説明しましょう。もちろんユーロ圏には統一通貨ユーロの銀行券が発行されています。しかしそれを発行しているのはＥＣＢと共にユーロシステムを形成する各国中央銀行という発券銀行だけです。ユーロシステムがＥＣＢでなく各国中央銀行を通してユーロ銀行券を発行していると考えればよいでしょう（図６－１）。しかしこのユーロシステムからＥＣＢをとりはずし、ＥＣＢ単体のバランスシートをとりあげてみれば、ユーロシステム、あるいはユーロ圏各国中央銀行のバランスシートとはかなり異なっていることが確認できます。

それは以下の二点で特異なのです。第一にＥＣＢは政府の勘定を持たない。先進国の中央銀行はいずれも政府の勘定を持っています。金利政策上、あるいは国債価格（長期金利）を安定的に管理する必要があり、また中央銀行券発行権益を国庫納付する義務があるからです。またユーロ各国は金融政策の主権をＥＣＢへ移管しながらも、財政政策に関する主権を自国に保持したままです。これでは一国レベルでは可能な財政金融政策がユーロ・レベルで遂行できるのかどうか怪しくなります。とはいえ、ＥＣＢが政府の勘定を持たないのはある意味で当然です。なぜならＥＣＢは政府から独立した超国家機関だからです。超国家機関と言う場合、ＩＭＦ、ＯＥＣＤようなものです。

次に第二の特異点を指摘しましょう。ＥＣＢは銀行の銀行としての機能を果たしていません。ＥＣＢには中央銀行通貨発行（負債）に見合う貸出（債権）の項目がないからです。普通、中央銀行通貨あるいは中央銀行券が発行されるのは民間の金融機関へ資金を供給する時です。その貸出の項目がないということは銀行の銀行の役割も果たしていないということになります。だから本書はＥＣＢが本来の中央銀行ではないという状況を強調しているのです。

マーストリヒト条約では、ＥＣＢがユーロ圏における銀行券発行を認める（authorise）独占的権限があるとされています。しかし銀行券を発行する権限はＥＣＢだけに与えられているわけではありません。ＥＣＢばかりでなく、各国の中央銀行も銀行券を発行する権限を与えられています。どちらにも権限があることになりますが、ＥＣＢは現金業務（cash operations）に関わっていません。本来の中央銀行ではないからです。実際に銀行券を市場へ出し入れし、管理するのが本来の中央銀行なのです。ユーロ体制では、この本来の中央銀行はユーロシステムを構成する各国中央銀行なのです〈Ｅ

Ｃ電子パンフレット：一、一〇〉。

銀行券を発行することを〝authorize〟する権限はＥＣＢに独占されているはずですが、あくまでもそれは銀行券発行に関する組織内の法的手続き（an internal legal protection）にすぎません。しかもこの権限はＥＣＢの役員会（the Executive Board）にでなく、ユーロ圏の各国中央銀行が構成する政策委員会（the Governing Counsil）へ与えられています。だからこの点からも、実質の発券機関はＥＣＢでなく各国中央銀行であることが確認できます〈Seidel：213-214〉（図６－１）。

マーストリヒト条約ではＥＣＢのみが法律制定者（legislator）として行動できることになっています。法律を採用するのは法人（legal personality）だけです。ところが、各国中央銀行とＥＣＢから構成されているユーロシステムには法人格がありません。ユーロシステムは国の機関からなる政府間連合にすぎないのです。ユーロシステムは欧州共同体のために金融政策を運営する権限を与えられているものの、拘束力のある法律を採用する権限はＥＣＢにあるのです。

見方をかえれば、ＥＣＢは法人格のないユーロシステムを「代行」する法人機関にすぎません。だからＥＣＢに中央銀行券を発行する立場の実質はないのです。ＥＣＢがユーロの単一の通貨の守護神であるとする法的根拠には問題があるという指摘もあるくらいです〈Seidel：214, 217〉。

それではＥＣＢは一体何ものなのでしょう。ユーロシステムは国家間連合あるいは政府間連合にすぎず、法人格がないので、発券などはできません。法人格がない機関が債務証書（ここでは一覧払いの債務証書としての中央銀行券）を発行できるわけがありません。だからそもそも銀行券を発行したり、その他の中央銀行としての業務を行う権限は法人格のないユーロシステムには託されないのです。しかしそれではユーロ銀行券を発行する機関がなくなってしまいます。だから第二の機関の創出が必要となり、便宜上ＥＣＢにユーロシステムの「執行機関」（executive committee）としての法人格を与え、ここに発券の権限を与えたのです。法人でないと債務証書を発行できないからです。しかし実際に銀行券を発行しているのはユーロ圏の各国中央銀行なのです。

別の見方もできます。ＥＣＢはユーロシステムの執行機関の仕事をするのであり、自身の仕事をしているのではない。実際、本来の中央銀行業務はしていません。しかしユーロシステムは法人格は持たないので中央銀行の機能を実行できないが、民間銀行に対して中央銀行の機能を果たさなくてはならない。そこで法人格をもつ娘的なＥＣＢに銀行券を発行する権限を与え、ユーロシステムの機能を代行させているのです〈Seidel：209〉この意味ではＥＣＢは各国の中央銀行の娘的機関としての子会社、あるいは付属機関にすぎないのです。

やや話が込み入ってしまいましたが、以上の関係を再度まとめてみましょう。ＥＣＢは中央銀行業務を行っていません。ユーロシステムを構成する各国中央銀行業務の全体の調整、帳簿調整を行っているにすぎません。ＥＣＢは一方ではユーロシステムの中のパートナーの一つであり、他方ではユーロシステムの脇に立つ娘的な付属機関なのです（図６－１）。だからＥＣＢはユーロシステムに劣後

図 6-1　ユーロシステムにおける ECB の二重の素顔…組織構成面（右）と実際の機能（左）

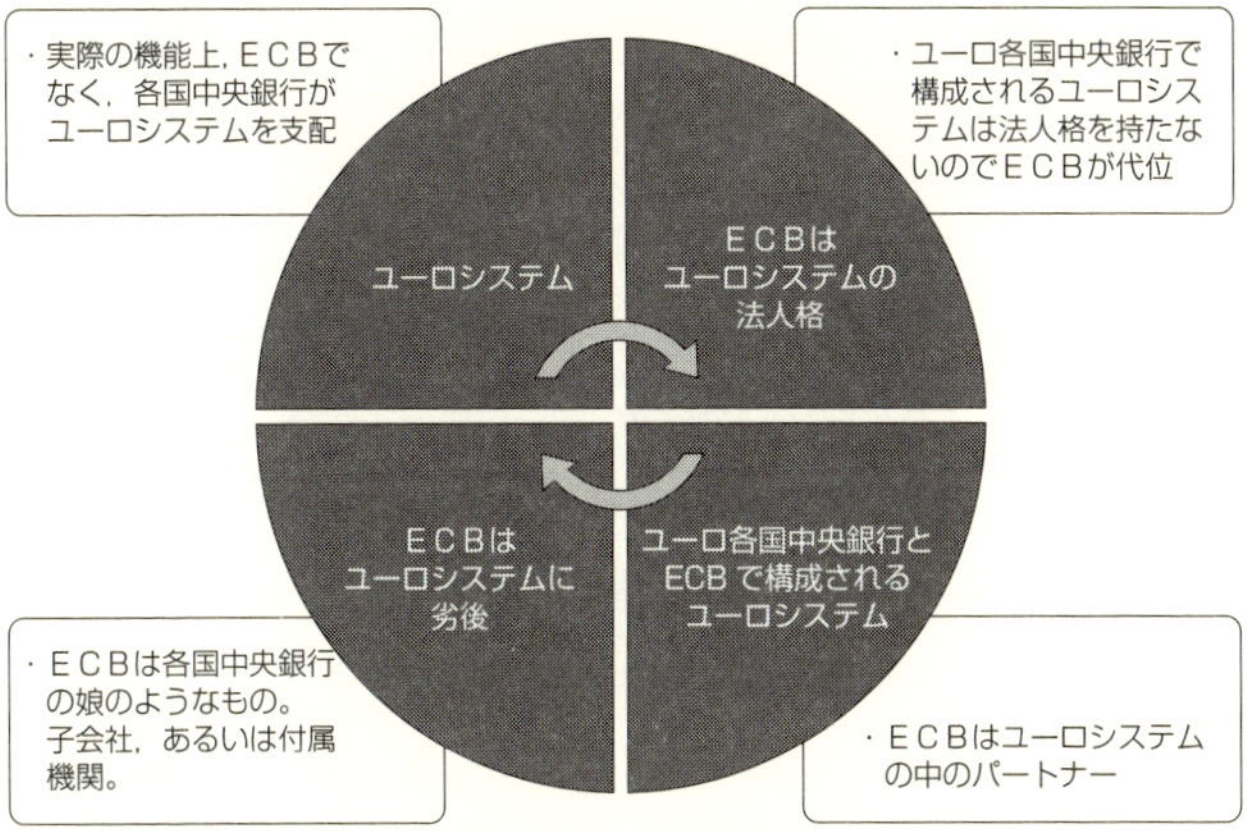
・実際の機能上，ＥＣＢでなく，各国中央銀行がユーロシステムを支配
・ユーロ各国中央銀行で構成されるユーロシステムは法人格を持たないのでＥＣＢが代位
ユーロシステム
ＥＣＢは
ユーロシステムの
法人格
ＥＣＢは
ユーロシステムに
劣後
ユーロ各国中央銀行と
ECB で構成される
ユーロシステム
・ＥＣＢは各国中央銀行の娘のようなもの。子会社，あるいは付属機関。
・ＥＣＢはユーロシステムの中のパートナー

（出典）Seidel：195 の説明から作成。

します。ユーロシステムはＥＣＢではなく各国中央銀行に支配されているのです〈Seidel：194–195；Heinsohn & Steiger：231–234〉。

その点は銀行券発行の権限がＥＣＢの中のどこにあるのかをみればわかります。銀行券発行の権限はＥＣＢの役員会にでなく、ユーロ圏の各国中央銀行が構成する政策委員会にあります。実質の発券機関はＥＣＢでなく各国中央銀行であると本書が強調してやまない理由がここにあります〈Seidel：213–214〉。

これはユーロシステムにおけるＥＣＢと各国中央銀行の分業関係として整理すればよりハッキリするでしょう。この分業関係を実にわかりやすく解説しているのが〈武田、二〇〇〇①：六七〉です。これによれば、ＥＣＢは政策を決定し、各国中央銀行が業務を行うという提携関係にある。ＥＣＢはユーロシステムの中核であっても、政策および業務の運営に際しては各国中央銀行が不可欠だというのです。すでに指摘したとおり、ＥＣＢは政府預金を取り扱いません。この意味でもＥＣＢはあくまでも、「ユーロ圏諸国の中央銀行の銀行」にすぎず、通常の中央銀行とは異なるのです〈武田、二〇〇四：二八〉。

法人格の観点からもＥＣＢが通常の中央銀行でない点がハッキリします。ＥＣＢは国際公法上の法人格、たとえばＩＭＦ、ＢＩＳ、ＯＥＣＤ等と同格の法的地位がありますが、ユーロシステムには法人格はありません。これはＥＵの性格に規定されているからです。ＥＵの場合、「分権の原則」（principle of decentralisation）があり、ＥＣＢはユーロシステムの中核としてユーロシステムの円滑な運営上の全般的な責任を担い、政策などの決定及び法的行為を所管しますが、業務運営（operations）はＥＣＢ（具体的にはＥＣＢの中の政策委員会）が適当と判断する場合は、各国中央銀行に委ねられるのであり、事実上多くの業務は各国中央銀行が担っているのです〈武田、二〇〇〇①：六三、六七〉。

2　ＥＣＢがユーロ通貨発券機関になり得ない事情（二）
：あたかも発券銀行であるかのような仮面をかぶっていたＥＣＢ

〈武田、二〇〇〇①〉でＥＣＢが発券銀行でないことは確認しましたが、もちろん欧州の研究者もＥＣＢのバランスシートの状態からＥＣＢは発券銀行になりえない点を強調しています〈Steiger, 2004：Heinsohn & Steiger, 2011〉。

ブレーメン大学の教授シュタイガー（二〇〇八年一月一七日没）によれば、経済通貨同盟ＥＭＵには中央通貨機関がない、なぜなら、ＥＣＢは発券銀行でもなく最後の貸し手でもない。発券をしているのはＥＣＢを構成するそれぞれの中央銀行だそうです〈Steiger, 2004：1, 16〉。

続けてシュタイガーはＥＣＢの特殊性を浮かび上がらせてくれます。ＥＣＢは「中央銀行業の歴史において、バランスシートの負債側に銀行券がない中央銀行」〈Heinsohn & Steige, 2011：235〉であると喝破してくれます。そしてＥＣＢがあたかも発券銀行であるかのような仮面をみごとにはぎ取っています〈Steiger, 2004：12〉。

シュタイガーの説明は次のとおりです。二〇〇二年一月一日からユーロ銀行券が導入された時に、政策委員会は驚くべき細工をこらした。すなわち、ユーロ圏の各国中央銀行ばかりでなく、ＥＣＢも銀行券を発行しているかのような仮象を植えつけようとしたというのです（これは一二月六日のpress release決定事項の記録）。同文書によれば、「ＥＣＢは二〇〇二年のはじめからユーロ流通銀行券の総額の八％を配分され、九二％のユーロ銀行券は一二あった各国中央銀行から発行される」となっています。しかし、同時に二〇〇一年一二月まで実施されたとおり、当時一二あったユーロ圏各国中央銀行はＥＣＢから発行される分を含むすべてのユーロ銀行券を市場に出し入れし続けていたというのです〈裏を返せばＥＣＢは発券していない〉。

奇しくもこのような「八％」問題は日本の研究者も同じ二〇〇四年の時点に注目していますく武田、二〇〇四〉。武田によれば、本来の中央銀行の業務の一つをなす銀行券の発行を行わないＥＣＢは誕生当初、銀行券発行高の八％が「形式的に計上されている」〈武田、二〇〇四：二八〉（傍点は引用者）にすぎないと指摘しているのです。

ではなぜ「八％」配分となるのでしょう。まさに「形式的に計上」という形容がピッタリの話だからです。ドイツ連銀副総裁だったユルゲン・シュタルクによれば、一二のユーロ各国中央銀行による発行分に加えて便宜上ＥＣＢを一三番目の発行銀行として取扱い、一〇〇％を一三で割って出される七・六％を切り上げて八％とし、この「八％」をＥＣＢに便宜的に割り当てたそうです。銀行券は本来、貸付を対価として負債勘定に記載されるものです。ところがＥＣＢのバランスシートにある銀行券流通の対価には貸付項目はない。にもかかわらずＥＣＢは「八％」分の銀行券を発行しているかのような仮象を装ったわけです。したがってＥＣＢは銀行券を一二の各国中央銀行から配布されているだけであって、自身は発行していないことになります。貸付や証券購入なくして銀行券は発行できません。にもかかわらず、バランスシート上、中央銀行券を発行したことにしている〈Steiger, 2004 : 12 : Heinsohn & Steiger, 2011 : 234, 247〉。実に下手な手品です。ちなみに他の一二行は八％配分になりません。それぞれのＥＣＢ資本拠出額に案分比例した配分を受けるからです。

いずれにせよ、バランスシート上、ＥＣＢが発券銀行の仮象をまとったとしても、銀行券発行権益が国庫に納められるシステムをみればＥＣＢが発券していないことがわかります。なぜならＥＣＢは発券に伴うすべての利益は国庫でなく各国の中央銀行へ配分しているからです（図1－5）。そし各国中央銀行はこの利益を自行による通貨発行権益に合体して自国の国庫へ納めるのです。ＥＣＢが実際に発券していたら通貨発行権益はどこかの政府へ国庫納付しているはずですが、ＥＣＢは政府から独立した超国家機関ですので国庫納付先はありません。逆に言えば、ＥＣＢに銀行券という法貨の発行を認めている国家は見当たりません。だからシュタイガーは発券機能のないＥＣＢはせいぜい頭や手足のない中央銀行の彫像にすぎないと揶揄するわけです〈Steiger, 2004：12：Heinsohn & Steiger, 2011：235〉。

別のたとえも可能です。長良川の鵜飼いです。「八％」の配分という魚を捕る鵜（ＥＣＢ）は鵜飼い（各国中央銀行）に操られ、とった魚も鵜飼に喉を締上げられて口から吐き出し（通貨発行権益）、鵜飼いに持って行かれるのです。

閑話休題（二）　日本の武田（二〇〇四）やドイツのシュタイガー（二〇〇四）は同じ二〇〇四年にＥＣＢの特異性を強調していたのですが、日本のユーロ研究者にはこれが伝わらないようです。たとえばユーロ研究家として著名なはずのＴ②教授はシュタイガー（二〇〇四）のことを「『ＥＣ

Ｂは中央銀行ではない』ということをいう『信用度』に疑問のある論者」としています。しかしながらこの教授は「Steiger について知らないのだが、どの程度信用のおける理論家なのだろうか、掲載誌の国籍から判断するとドイツ人かもしれない」と記述しており、シュタイガーを批判した時点にはシュタイガーの著作、論文を何も読んでいないことになります。

さらに話を面白くしましょう。シュタイガーのような主張はすでに武田が同じ二〇〇四年に提示していたわけですが、興味深いことに、この武田（二〇〇四）論文が収録されている本の編著者の一人がＴ②教授なのです。Ｔ②教授の基準ではシュタイガーと同様、武田（二〇〇四）も「『ＥＣＢは中央銀行ではない』ということをいう『信用度』に疑問のある論者」になるはずです。さて一体、武田やシュタイガーとＴ②教授のどちらが「『信用度』に疑問のある論者」になるのでしょう？　この判断は読者に委ねます。

ここで本題に戻ります。シュタイガーは「ＥＣＢをユーロシステムの強力な中枢のようにみせかけるイカサマ的なあらゆる試みは失敗する運命にあった」〈Steiger, 2004 : 18〉と主張していますが、それを実証してくれるのが当のＥＣＢ広報なのです（ECB : 2012）。これによれば、ユーロ銀行券の裏面に各国のコードが入っています。ベルギーはZ、ドイツはX、エストニアはD、アイルランドはT、ギリシャはY、スペインはV、フランスはU、イタリアはS、キプロスはG、マルタはF、オランダはＰ、オーストリアはＮ、ポルトガルはＭ、スロベニアはＨ、スロバキアはＥ、フィンランドはＬと言った具合にアルファベットの大文字で発券国を表示しています。

ところがユーロ銀行券の中でＥＣＢを示すアルファベット暗号はない。なぜか？　シュタイガーによれば、「これまでにＥＣＢはユーロ銀行券は一切発行したことがないからである」〈Steiger, 2004 : 18〉。

また余談になりますが、さてこのアルファベット暗号の数でＥＵのユーロ諸国はおさまるのでしょうか。二〇一四年の時点、ＥＵ諸国は二八カ国です。独立運動の激しい国が多いＥＵ圏です。そしてそれらが独立しユーロにも参加するとユーロ加盟国の数はアルファベットの数を超える可能性があります。となるとユーロ銀行券はアルファベットの暗号では銀行券発行国を表示できなくなります。

3　ＥＣＢがユーロ通貨発券機関になり得ない事情（三）
：政府から独立している超国家機関には法貨を発行できない

法貨規定の面からもＥＣＢの中央銀行としての仮象性をあぶり出せます。ユーロ銀行券は法貨です。したがって超国家機関のＥＣＢは法貨を出せません。また紙幣でなくユーロ・コインの発行責務は各国政府にあります。これを調整するのはブリュッセルの欧州委員会です。ユーロ圏の政府がユーロ・コイン発行の法的発行者なのです。その場合ＥＣＢには発行されるユーロ・コインの額に関する承認の責務があります。また鋳造されたコインを検査する独立評価体として行動します（連邦と連合の違い。連邦制の場合、連邦政府が各国の権限に優先）〈ＥＣＢ電子パンフレット：一〇〉。

ＥＣＢが発券のすべてのプロジェクトの調整に責任を持つのに対し、各国中央銀行は銀行券を発行する責任があります。そこでは集中的に組織された通貨製造機関がありません。そのかわり、二〇〇一年の銀行券発行には七〇を下らない、銀行券印刷、製造の機関（印刷製造と発券は大きな違い）がありました。ユーロ導入の時点の場合、合計一五の印刷機がユーロ銀行券を製造しています。三つはドイツ、二つはフランス、残りのユーロ国は一つ（ルクセンブルクを除く）。もう一つはユーロ圏外の連合王国です。よく誤解されますがＥＣＢのあるドイツのフランクフルトでは製造していません。ドイツではベルリン、ライプチッヒ、ミュンヘンで製造されます〈ＥＣＢ電子パンフレット：五一、五四〉。

仮にＥＣＢが銀行券を発行するとしても、それを法貨と認める国家はありません。中央銀行に対応する各国政府財務省の関係に相当するＥＣＢのカウンターパートをあえて求めるとすれば、ブリュッセルの欧州政府です。しかしこれは欧州のＧＤＰのほんの二％に相当する予算を扱うにすぎず、財務省的機能は非常に小さいのです。だから、フランクフルトのドイツ連銀とベルリンのドイツ財務省、あるいはニューヨークのニューヨーク連銀とワシントンの財務省のような密接な関係をＥＣＢのカウンターパートには見出せません〈Heinsohn & Steiger, 2011 : 247〉。

4　ECBがユーロ通貨発券機関になり得ない事情（四）：：生い立ちからしても発券銀行になりえなかったECB

金融政策がECBという共同体レベル（the Community level）へ移転されると、欧州中央銀行の枠組みは大きく変わらなければなりません。ECBという超国家機関を設立し、この機関と各国国家の中央銀行とを合体し、ユーロシステムを形成します〈ECB, 2006：12〉。

図6－2の一九九三年一〇月の動きに注目してください。ここでハッキリするのはECBはそもそも発券機関でないEMIの後任だったということです。ECBがEMIから引き継いだものはユーロシステムと非ユーロ圏の各国中央銀行との協調を促進することです。EMIは発券銀行機関でなく超国家機関な

図 6-2　ECB が中央銀行通貨の発行機関にならなかった歴史的経緯

1988年6月	EMU（Economic and Monetary Union）の実現の提案（ドロール報告）。
1989年6月	欧州理事会（The European Counsil）は EMU の第三段階にわたって実現することに同意。
1990年7月	EMU が開始。
1993年10月	フランクフルトが EMI（European Monetary Institute で ECB の前身）の場所に選ばれ，EMI 総裁が指名。
1993年11月	マーストリヒト条約発効。
1994年1月	EMU 第二段階の開始，EMI 設立。
1996年12月	EMI は欧州理事会にユーロ銀行券の見本を提示。
1998年6月	ECB，ユーロシステムが設立。
1999年1月	EMU の第三段階。ユーロが単一通貨となった。
2001年1月	ギリシャは EU メンバーの中 12 番目でのユーロ圏のメンバーとなる。
2002年1月	ユーロ銀行券とコインが導入。通貨の交換の開始。ユーロ銀行券とコインは 2002 年 2 月末までにユーロ圏の唯一の法貨となった。

この時点で本来の欧州中央銀行を設立する予定が頓挫

EMU は現在でも完成途上

（出典）ECB, 2006：15-17 を参照して作成。

のです。だからそれを引き継ぐＥＣＢも同じく超国家機関ということになります〈ECB, 2006 : 74 : ECB, 2011 : 12-13〉。一九九四年一月にＥＭＵ第二段階が開始された時、ユーロに参加する各国中央銀行の多くの権限が統一の中央銀行に委譲されるはずでしたが、中央集権を嫌うＥＵ諸国の性格上、当然抵抗が強くいわばその妥協の産物としてＥＭＩが考案された経緯があるのです。

５　ＥＣＢがユーロ通貨発券機関になり得ない事情（五）
：金融安定が責務とならないＥＣＢは最後の貸し手にはなりえない

驚くことにＥＣＢには最後の貸し手機能はありません。最後の貸し手の責務の話が何もないのです。最後の貸し手は金融システムの安定化のためにあるはずです。ところがＥＣＢにはユーロ成立当初から金融システムの安定化の役割が期待されていません。金融政策上、物価安定を維持すればよいのです。もちろんユーロ圏にも最後の貸し手は存在します。ユーロ各国中央銀行には最後の貸し手機能があります。ユーロ成立当初、ユーロ圏各国中央銀行が銀行監督に「全面的な責任」をもっていたのが、スペイン、アイルランド、イタリア、オランダ、ポルトガルです〈武田、二〇〇四：四一〉。当時、銀行監督権限はＥＣＢにはなかったのです。

しかしこれは大変なことです。武田は二〇〇四年の時点に、今日のユーロ・ソブリン危機を予兆しているかのように、ＥＣＢの難点を言い当てています。金融市場の統合が進展し金融機関にも国を超えた統合、合併があるのに、当時のＥＣＢの枠組みではこれに十分に対処できないと喝破しています。武田は当時から、ＥＣＢが最後の貸し手の機能を備えること、あるいは各国中央銀行レベルでは対応できない不測の事態に機動的に対応できる体制の必要性を強調していたのです〈武田、二〇〇四：四二〉。

同じく、シュタイガーも二〇〇四年に見事に予言しています。「欧州レベルで深刻な流動性危機が起これば　ＥＭＵが機能しなくなるのは言うまでもないことである」〈Steiger：26〉。ＥＭＵに中枢の財政上の権限を持つ機関がないことはいつでも起こりえる金融危機が実際に発生した後にＥＭＵが存続できるかどうかの場合のアキレス腱になるだろうと指摘していたのです。たしかに、強力な欧州レベルの財政機関が設立されれば、ＥＭＵは独立国家の連合ではなく、ドイツや米国のような連邦政府になるだろうというのです〈Steiger：25-26〉。しかしそれでは現行のＥＵでなくなるでしょうが。

ＩＭＦもずっと以前にＥＣＢの難点を見抜いています〈IMF, 1998：1067：米倉、二〇一三：一六一～一六二〉。これによれば、ＥＣＢは金融政策に集中する権限を与えられているにすぎない。銀行監督の領域でも限定的な役割しかない。個々の金融機関に対する流動性支援の責務は何も規定されていない。要するに最後の貸し手の責務はＥＭＵのどの機関にもおかれていないと指摘しているのです。武田やシュタイガーと同じ指摘です。これではＥＣＢはユーロ圏全体をカバーする金融市場の監視などできるはずありません。ユーロ諸国をまたがるクロスボーダーで営業する銀行への監督の責務も明記されていません。

おくればせながら今回二〇一四年以降、銀行同盟を立ち上げることになったわけです。もちろん、ＩＭＦは一九九八年の時点にそれを予言しています。ＩＭＦは先に挙げたＥＣＢの問題点を指摘した後、「ＥＣＢはいずれ、危機管理と銀行監督において主導的で調整機能的な役割を担わざるを得なくなるだろう」〈IMF, 1998：110〉。まさにＩＭＦのこの読みは当たります。ＥＣＢは来たる銀行同盟において「危機管理と銀行監督において主導的で調整機能的な役割」を担うことになるからです。

この点、辛口の批評で定評のあるビィターはユーロを『不思議の国のアリス』に引っかけ、アリスがウサギの穴に飛び込むように、共通通貨ユーロの採用は未知への大胆な踏み込みであると記しています〈Buiter, 1999：182〉。

欧州全体を巻き込む流動性危機が起きれば、中央銀行の資本では支えられません。中央銀行の資本の損失を埋める政府がいなければならない。しかし欧州には連邦政府レベルの財政機関はない。とすれば、このような欧州レベルの金融危機に対処する機関はユーロ圏には中央銀行にも連邦政府レベルにもない。連邦レベルの政府機関がユーロ圏をまたぐ金融危機対策としては不可欠なはずなのに。

しかしこれはもともとEUの性格上、無理な話です。中央集権を嫌うユーロ参加諸国にとって経済や財政の同盟を求める経済通貨同盟EMUにはその内実が伴わない。ユーロ圏では単一通貨の通貨同盟が成立し各国が自国通貨は放棄していても、財政主権や通貨発行権は維持されユーロ政府レベルに委譲していないのです。

銀行同盟も同じことです。およそ財政同盟なしに銀行同盟が機能するわけがありません。なぜなら銀行同盟が責務としている金融危機対策にはユーロ・レベルの公的資金が欠かせないはずなのに、ベイルイン方式を唱える銀行同盟は公的資金の導入を基本的に排除しているからです。財政同盟の成立が期待できないことを前提とした銀行同盟なのです。

しかもユーロ圏各国レベルの金融安定・銀行監督もお寒いかぎりだった例を忘れてはいけません。二〇〇八年九月のリーマン・ブラザーズ破綻を頂点とした二〇〇七〜〇八年の世的金融危機におけるユーロ圏諸国の対応のことです。以下、次章ではそれをおさらいし、ユーロ銀行同盟構想でどのような教訓が引き出されることになるのか？　その点の話を進め、むすびにしたいと思います。

第7章　ユーロ銀行同盟を導入しても危うい ユーロ・レベルの金融危機対策

1　ユーロ圏諸国の銀行監督はユーロ・レベルだけでなく一国レベルでも覚束ない事例を指し示した二〇〇七―〇八年世界金融危機

二〇〇七年八月九日のBNPパリバ事件をきっかけに、世界の金融機関同士の貸し借りも非常にきつくなりました。たとえば、英国の中堅金融機関のノーザンロックはその資金取り入れ期間が超短期化し、市場からの資金調達は不可能になり、流動性危機に陥りました。同行は資金調達を銀行間市場に過度に頼り、調達した資金を流動性の欠ける資産へ過大に運用していたのです。同行に関するこのような問題はすでに〇四年の時点、英国金融監督庁（FSA）の担当者も気づいていたものの、事後監視を怠っていたのです（FSA自身が誤りを認める）。英国の自己資本規制は欧州各国と比べても厳しかったのですが、英国の中央銀行イングランド銀行は金融政策を重視するあまり、金融システム全体の監視には十分注意を払わなかったのです。しかも銀行監督に関わるはずのイングランド銀行、FSA、財務省の連携はうまくいっていなかった。これが英国金融監督庁の元会長の弁でした。

FSAは一九九七年、労働党のブレア政権の時に創設されています。財務省、中央銀行とFSAへと銀行監督を分けたのですが、ノーザンロックの破綻処理の例のとおり、分割された銀行監督はうまく機能しなかったのです（結局、FSAは二〇一三年四月一日には解体。監督権はイングランド銀行へ移行、『日経』二〇一三年三月三〇日、五月六日）。

このように国内の金融監督機関でさえ自国の金融機関の業務悪化を把握することは難しいのです。ドイツの場合も同様です。ドイツ銀行会長のアッカーマンは二〇〇七年七月一七日、サブプライム問題という信用危機について、「危機の終わりの始まりにある」と言ってのけました。銀行や金融規制当局は危機対策を打ち出し、事業も次第に正常化しつつあり、銀行は資本調達でバランスシートを再構築していると言ってしまったのです。しかし実際は「危機の終わりの始まりにある」と正反対の方向に進展しました。ドイツ銀行はすでに一九九〇年代からオフバランス機関を使い米国の資産担保証券市場に投資しています。ドイツ銀行の会長はドイツの金融機関がドル建てサブプライム金融商品の取引に深入りしていたことに全く気が付かなかったことになります〈米倉、二〇〇九：五一～五二〉。

この銀行会長につきあいのよかったのがドイツ中央銀行総裁ウェーバーです。二〇〇七年八月二日、自国の銀行IKBがアメリカのサブプライムローンへの投資で経営困難になったことが明らかになったのに、この総裁はＩＫＢ問題を「限られた、当該金融機関固有の事件にすぎない」と言ってしまったのです。ところが総裁の予言に反し、八月一七日、他の銀行（Sachsen Landesbank）も同じ運命を辿ります。アメリカのサブプライム問題は米国ばかりでなくドイツの中堅金融機関を広くまきこんでいたのです〈米倉、二〇一二：一二一～一二三〉。

さらにＥＣＢ首脳もユーロ圏の銀行がドル・ローンを爆発的に拡大させていたことも見過ごしていたのです。この信用バブルはユーロ導入に伴う金融統合の副産物なのですが、この信用バブルとバストがユーロ圏の金融市場にどのような影響を及ぼすのか、分析した証しもなかったそうです。多くの欧州の銀行はオフバランス機関（いわゆるシャドーバンキング）を動員しながら、米国のサブプライムローン市場に深く関与していたのです。欧州のシャドーバンキングは米国の金融市場を熱くさせる燃料源となっていたのです。その一大帰結が二〇〇七年八月九日に起きたＢＮＰパリバ事件による金融市場の凍結でしたが、ＥＣＢはただそれに狼狽するばかりでした〈B. Brown, 2010：84-85, 99〉。

２　ユーロ圏内で統一的銀行監督の実施は困難

各国が監督すべきはずの自国金融機関はユーロ圏内でもクロスボーダー的に営業を展開しています。にもかかわらず、ユーロ各国の監督形態はバラバラだったのです。同じユーロ圏でも中央銀行が直接監督している国とそうでない国もあります。他方、自国の監督機関に監視されるはずの銀行は自国外のユーロ圏でもクロスボーダー的に営業を展開しています。親銀行がグループ全体の資金調達を行い、子会社へファイナンスすることもあるでしょう。複数の子会社は自身で資本を強化しないで、親会社の資本を後ろ盾として用いるでしょう。銀行は信用リスクを国をまたがる自行グループに拡散させているはずです。だとすれば銀行監督機関は自国圏内の監督だけで、金融機関が抱えるリスクを把握しきれるはずがありません〈鈴木：四六〉。

ここで破綻処理が一国レベルにとどまっていたために起きた混乱の例を二つ挙げていきます。まず、フォルティスの例です。リーマン破綻直後の二〇〇八年九月二八日ベルギー、ルクセンブルク、オランダ政府はこの三国にまたがって事業展開しているフォルティスを税金で救うことで合意しました。しかし、同行に流動性圧力が増すにつれて合意は瓦解します。フォルティスのベルギーの親会社はオランダの部分の株をオランダ政府に売ったのに対し、ベルギーとルクセンブルクは自国のフォルティス部分を共通整理しようとしました。しかし、結局は銀行部門をＢＮＰパリバへ売ることで合意します。共同であるべき各国の路線は分解し、最初に合意していた三国の税金による共同解決策よりも高くついたようです〈IMF, Staff Discussion Note, 2013 : 16〉。

次にデクシアの例です。デクシアはフランス、ベルギー、ルクセンブルクにまたがる営業活動をしていましたが、二〇一一年秋に資金調達難で瓦解します。しかし三国の利害の絡みからバラバラの整理になりました。同年一〇月一〇日、ベルギー政府はデクシアのベルギー業務の買取りを公表し、カナダ、ルクセンブルク、トルコ、スペイン、イタリアの海外子会社を売りに出します。フランスの部分はフランスの二つの公的銀行に買い取られ、残りの不良資産は九五〇億ユーロの債券を含め、銀行に残り、この銀行は三国政府が別々に供する八五〇億ユーロの流動性供給の保証と五五億ユーロの資本注入を受けることになり、二〇一二年末、欧州委員会はデクシア・グループの整理計画を承認したのです〈IMF, Staff Discussion Note, 2013：16〉。この二つの例のとおり、ユーロ圏各国がバラバラに破綻処理すると統一的な破綻整理よりもコスト、時間がかかるのです。

このように二〇〇七年から続く国際的金融危機において欧州経済通貨同盟ＥＭＵの制度的経済的構造には一連の脆さが露呈したのです。しかし今回の銀行同盟構想においても、その構造的脆さを是正する試みは何も提示されていません。結局は財政同盟、あるいは経済同盟が必要なのです。しかしＥＵの各国はそれを本気に取り組むつもりはありません。特にドイツがそうです。財政同盟の要因なしに通貨同盟が遂行できるのか？　これにはユーロ条約の改正が必要です〈BBVA：14〉。しかしその改正は当面無理でしょう。ユーロ圏各国が主権（特に財政主権を）を手放すはずがないからです。ユーロ圏各国は金融政策上の主権をＥＣＢに委譲したといっても通貨主権まで委譲しているわけではないのです。

財政同盟を実現化することが困難なのは、欧州通貨同盟ＥＭＵにおける経済と金融の連合レベルの違いからも説明できます。たしかに通貨と為替政策は脱国家化し、共同体レベルに集権化されています。ユーロ圏諸国には単一通貨が導入されたからです。しかし、経済政策の責務は依然としてメンバー諸国それぞれに残ります。もちろん一国の経済政策はマクロ経済の協調のために共同体の枠組みの中で実行されることになっています。

各国でなくユーロ・レベルへの政策責務の配分が正当化されるのは、メンバー諸国が与えられた目的を自国だけでは十分に達成できない場合、あるいは、共同体の方がそれをうまく達成できる立場にある時だけなのです。だから共同体レベルの集権化は通貨と為替政策では正当化できます。そして単一通貨になったのですから、ユーロ参加各国は共通通貨を自国だけでは責任を負えないので金融政策の責務を超国家機関のＥＣＢに委譲するのです。

しかし、経済政策の場合、状況は違います。一国の経済政策が共同体の枠組みの中（ＥＭＵ）の目的と実際に調和しているかぎり、経済政策は国家レベルにとどまるのです。したがって、ユーロ圏のような完全に通貨統合された地域であったとしても、ユーロ参加諸国の経済政策の責務を自国から共同体レベルに移す必要はありません〈ECB, 2006：30-31〉。ユーロ各国は金融・為替政策以外のすべての経済政策の責務を負い続けるわけです。別の見方をすれば金融・為替政策はユーロ全体の共同責務であるのに対し、経済政策は各国それぞれの責務に分割されているのです〈Seidel：198〉。

つまり金融政策は共通、経済政策は別々ということです。これではたして汎ユーロ・レベルで真の財政金融政策が実行できるのでしょうか？ 通貨が単一化したといってもユーロ圏の文化と国家の多様性を尊重しているわけです。ユーロ圏の各国中央銀行においても自国と共同体レベルの規約では自国の分が優先されるのです〈ECB, 2006：37〉。ＥＣＢは超国家機関であっても同じユーロシステムに所属する各国中央銀行はそれぞれが所属する政府の一機関にすぎないのです。もちろん中央銀行の対政府からの独立性もユーロ圏の国でかなり温度差があります。

マーストリヒト会議ではユーロ・レベルの真の意味の中央銀行の創出の議論は退けられています。その代わり、ＥＣＢのような超国家機関が樹立され、それに金融政策の主権を与えたのです。単一通貨だからです。しかもメンバー諸国における金融政策の概念はそれぞれの国の金融政策の機能に応じて変わります。たとえば、金融政策を対外通商政策や雇用政策と連繋して使用する程度もちがうのです〈Seidel：195〉。

したがって各国中央銀行が政府から独立していると言っても、その独立の程度はそれぞれの国の事情によって大きなばらつきがあるのです。巷の一般の理解では、ドイツ連銀は政府からの独立性が強いのが際立っているとのことですが、その場合の独立性も連邦政府の全般的経済政策を扶助するという条件の枠内のことであり、通貨を守るという責務が達成されている限りの独立性なのです〈Seidel：197〉。米国のＦｅｄの独立性も政府の一機関という枠組み内でのことにすぎません。

むすび

バベルの塔はケインズの得意のジョークです。かの有名な一九四四年のブレトンウッズ協議の場を「バベルの塔」にたとえる諧謔を弄しています〈米倉、二〇〇六：八二〜八三〉。実際、「バベルの塔」には架空的計画の意味もあります。だからこのケインズにならえば、統一通貨ユーロの魔術もバベルの塔で最初に起こった災害の後始末はできないようです。

しかし、リーマン・ショックやユーロ・ソブリン危機問題が起きたからといって、ユーロ版「バベルの塔」を壊すわけにいきません。共通言語にあたるユーロがなくなったり、各国がバラバラの通貨言語に戻ったりすることはあり得ない、いやあってはならないでしょう。政治的メンツが丸つぶれになるばかりでなく、経済的大混乱に陥るからです。その可能性があったのが二〇一二年夏のユーロの瓦解危機でした。ドラギのかの「何でもやる」という有名な声明が発せられ、ひとまずその危機はおさまったのです。

ユーロ圏諸国はユーロ・ソブリン危機でも痛ましい経験をしたはずです。特に金融危機対策がユーロ・レベルでなく個別国家次元の枠組みにとどまっていた無力さを思い知らされたはずです。ユーロ圏には国家をまたぐ監視機関もなく、国境を超えて進行する金融危機を察知したり防いだりする術もなかったのです。

これを打破するために打ち出されたのがユーロ銀行同盟のはずです。銀行の監視権限を単一の汎ユーロ・レベルに移さなければ、ユーロ圏に頻出する金融分断化現象は解消できないし、ソブリン債務危機と銀行危機の連鎖を切断することもできないことも覚ったはずです。

そこで汎ユーロ・レベルでの金融的安定を確保するために統合された金融危機対策の体制を築き上げることが銀行同盟に託されたのです。この銀行同盟はユーロ・レベルの単一の監視機関（ＳＳＭ）と単一の破綻整理機関（ＳＲＭ）あるいは共通の預金保険機構を備えるはずでした。そうすれば今後ユーロ圏内でクロスボーダーの金融危機が起きた時にも、ユーロ圏諸国は銀行同盟を通じ各国バラバラでなくユーロ全体で統一的に対応できるはずです。

しかし現実は思惑どおりに進んでいません。その理由を再度、確認しておきましょう。銀行同盟が始動しても金融規制・監督の権限は各国に残ります。ＥＣＢが銀行監督で集中的権限を得ることになっても、金融安定化政策と銀行監督機能は依然、各国に残る部分が多いのです。となるとユーロ圏内で国境を越えて活動する金融機関が破綻しそうな場合、一体、ユーロ圏全体で有効に対処できるのでしょうか？

銀行同盟の核をなすはずの銀行の破綻整理の基金も同様の問題を抱えています。ユーロ圏の銀行破綻処理のための共同基金は銀行の課金からなる五五〇億ユーロの規模にすぎません。この共同基金が開始されて八年間に五五〇億ユーロを積み立てるというものであり、現実に起こるかもしれない金融危機の対策としてはあまりにも規模が小さすぎます。そのうえユーロ圏で共同で使用できる部分にはかぎりがあります。

しかもユーロ銀行同盟の場合、金融危機が起きた時にも公的資金を投入しないのが原則です（ベイルイン方式）。一体、公的資金を活用しないでリーマン・ショックやユーロ国家債務危機のような大規模な金融危機に対応できるのでしょうか？　さらにいえば、銀行同盟の三本目の柱となるはずの預金保険機構の共通化も先送りされています。

このように、ユーロ銀行同盟を支えるはずの単一の銀行監督、銀行破綻処理基金、共通の預金保険機構の三本柱はそろっていないのです。大きな金融危機が起こるとこの三本の柱にのったユーロ銀行同盟というテーブルはひっくり返ってしまいます。

結局、現時点のユーロ銀行同盟構想では理想と現実の大きな隔たりは埋められません。銀行同盟を支えるはずの肝心の財政同盟が進展していないからです。本来達成すべき欧州経済通貨同盟は経済同盟、あるいは財政同盟なき通貨同盟にとどまっているのです。本書がユーロ銀行同盟構想を三位一体の神話と形容する理由がここにあります。

だからといってユーロ銀行同盟は後戻りできません。ＥＣＢのメルシュ理事はロンドン講演（二〇一三年一一月一五日）でチャーチルを引用しています。「持続的に努力することが我々の潜在能力を解き放つ秘訣である」。スペインのバルセロナのガウディの聖家族教会と同様、ユーロはバベルの塔を積み重ね続けるしかないようです。

参照文献一覧

欧文

The Banker, 2008.11.30.

Bank for International Settlements, *Annual Report*, June 2013.〈BIS ①〉

BIS, *Quarterly Review*, December 2008.〈BIS ②〉

BIS, *Quarterly Review*, December 2013.〈BIS ③〉

Bank of England, *Financial Stability Report*, June 2013〈BoE, Jun. 2013〉

Bank of England, *Financial Stability Report*, November 2013.〈BoE, Nov. 2013〉

Barnanke, B., *The Federal Reserve and the Finanical Crisis*, Federal Reserve Board, 2012.（小谷野俊夫訳『連邦準備制度と金融危機―バーナンキＦＲＢ理事会議長による大学生向け講義録』一灯舎、二〇一二年）〈Barnanke〉

BBVA, *Banking Union: integrating components and complementary measures*, by Jorge Sicilia, Santiago Fernández de Lis Ana Rubio, Working Paper No. 13/28, Madrid, October 2013.〈BBVA〉

Bijlsha., M. & Lukkezen, J., "Why is there no TARGET 2 debate in the US," Bruegel, Improving economic policy, 2012.3.3.〈Bijlsha & Lukkezen〉

Bloomberg, *Draghi Boosts EU Banking Union Plans After German Dissent*, bloomberg.com/news/2013.9.16 〈Bloomberg〉

Brown, B., *Euro Crash: The Exit Route from Monetary Failure in Europe by 2010*, Parlgrave Macmillan, 2nd edition, 2012. 〈B. Brown, 2010〉

Brown, G., *Beyond the Crash—overcoming the first crisis of globalization*, Free Presss, NewYork, 2010. 〈G. Brown, 2010〉

Buiter, W. H., "Alice in Euroland," *Journal of Common Market Studies*, June 1999, Vol. 37, No. 2. 〈Buiter, 1999〉

Buiter, W. H., "A Small Corner of Intertemporal Public Finance—New Developments in Monetary Economics: Tow Ghosts, Twe Eccentricities, A Fallacy, A Mirage and A Mythos," NBER Working Papers Series, No. 10524, May 2004. 〈Buiter, 2004〉

Buiter, W. H., "Should central banks be quasi-fiscal actors?," *Fiancial Times*, November 2, 2009. 〈Buiter, 2009〉

Buiter, W. H., & Rahbari, E., "TARGET 2 REDUX: THE SIMPLE ACCOUNTANCY AND SLIGHTLY MORE COMPLEX ECONOMICS OF BUNDESBANK LOSS EXPOSURE THROUGH THE EUROSYSTEM," Center for Economic Policy Research, Discussion Paper Series No. 9211, 2012.10.30. 〈Buiter & Rahbari〉

Buiter, Rahbari & Michaels, "The implications of intra-Euro area imbalances in credit flows imbalances," Center for Economic Policy Research, Policy Insight, No. 57, 2011.8. 〈Buiter, Rahbari & Michaels ①〉

Buiter, Rahbari & Michaels, "Making sense of Target imbalances," Center for Economic Policy Research Policy Insight ,No. 57, Figure 5, 2011.9.6. 〈Buiter, Rahbari & Michaels ②〉

Cecioni, M. & Ferro, G., "Determinants of TARGET 2 imbalances," BANCA D'ITALIANA, Occasional Papers, Number 136, September 2012. 〈Cecioni & Ferreo〉

Central Banking (Quarterly), Vol. XXIV, No. 3, February 2014. 〈CB〉

Counsil of the European Union, *Counsil agrees general approach on Single Resolution Mechanism*, 18 Dec. 2013.〈Counsil of the European Union〉

Deutche Bundesbank Monatbericht July 2013, *Gemenisame Europäishe Bankenaufsicht—Erster Schritt auf dem Weg zur Bankenunion.* 〈DB Monatbericht〉

European Central Bank, *The European Central Bank History, Rule and Functions* by Hanspeter K. Scheller, Second Revised Editons 2006. 〈ECB, 2006〉

European Central Bank, *The European Central Bank ,the Eurosystem, the European System of Central Banks* (2011 Edition). 〈ECB, 2011〉

European Central Bank, *Banknotes*, 2012. 〈ECB, 2012〉

European Central Bank, *Banking Structures Report*, November 2013. 〈ECB, Banking Structures Report〉

European Central Bank, *Financial Stability Review*, May 2013. 〈ECB, FSR, May 2013〉

European Central Bank, *Financial Stability Review*, November 2013. 〈ECB, FSR, November 2013〉

European Central Bank, *How the Euro became our money, A short history of the Eurobank notes and coins.* 〈ＥＣＢ電子パンフレット〉

European Central Bank, *Monthly Bulletin*, April 2013.

European Central Bank, *The ECB's Non-Standard Monetary Policy Measures: The Role of Institutional Factors and Financial Structure*, by Phillippine Cour-Thimann and Bernhard Winkler, Working Paper Series No. 1528/April 2013. 〈ECB, Working Paper〉

European Central Bank, *Hearing at the Committee on Economic and Monetary Affairs of the European Parliament*, Brussels, 18 March 2014. 〈ECB, Hearing〉

European Commission Memo, *Commisioner Michael Barnier's remarks at the ECOFIN Counsil press conference*, Brussels, 19 December 2013. 〈European Commission Memo ①〉

European Commission Memo, *A comprehensive EU response to the financial crisis: substantial progress towards a strong financial framework for Europe and a banking union for the Eurozone*, Brussels, 17 December 2013 〈European Commission Memo ②〉

European Commission Memo, *European Parliament and Counsil back Commission's proposal for a Single Resolution Mechanism: a major step towards completing the banking union*, Statement Brussels, 20 March 2014. 〈European Commission, Statement〉

European Commission, *The Banking Union—Single Resolution Mechanism* (SRM), 2013.9. 〈European Commission, SRM〉

European Commission Memo, *Proposal for a Single Resolution Mechanism for the Banking Union—frequently asked questions*, July 10, 2013. 〈European Commission, Proposal for a SRM〉

European Commission Memo, *European Parliament: Europa: Parliament negotiators rescue seriously damaged bank resolution system*, 2014.3.20. 〈European Parliament〉

Federal Reserve Bulletin, *Profits and Balance Sheet Developments at U.S. Commercial Banks in 2008*, June 2009. 〈FRB, 2009〉

The Federal Reserve System, *Purposes and Functions, Last update:* August 24, 2011 〈FRS, 2011〉

Gecchetti, S. G., McCauly, R. N. & Mcquire, P. M., "Interpreting TARGET 2 balances," BIS Workin Papers No. 393, December 2012. 〈Gecchetti, McCauley & Mcguire〉

Geithner, T. M., *Stress Test Reflections on Financial Crises*, Random House, New York, 2014. 〈Geithner〉

Goodhart, C., *Financial Integration and Prudential Control Segmentation: What kind of coordination does prudendital policy need in the integrated European financial market?* in D. Ehrig, U. Staroske and O. Steiger (eds), *The Euro, the Eurosystem, and European Economic and Monetary Union*, Münster and Hamburg: LIT-Verlag, 2011. 〈Goodhart〉

Grauwe, P & Ji, Y., *Strong Governments, Weak Banks*, Centre for European Policy Studies, No. 305, 2013. 〈Grauwe & Ji〉

Gros, D., *The European Banking Disunion*, CEPS, November 14, 2013. 〈Gros ①〉

Gros, D., *The Asset Quality Review and Capital Needs: Why re-capitalise banks with public money?*, December 19, 2013, No. 311, CEPS, CEPS Policy Brief. 〈Gros ②〉

Hannon, H., "Sovereign risk in bank regulation and supervision: Where do we stand?," Financial Stability Institute High-Level Meeting, Abu Dhabi, UAE, 26 October 2011 〈Hannon〉

Heinsohn, G. & Steiger, O., *The European Central Bank and the Eurosystem—an analysis of the missing Central monetary institution* in D. Ehrig, U. Staroske and O. Steiger (eds), *op. cit.* 〈Heinsohn & Steiger, 2011〉

IMF, International Capital Markets: Developments, Prospects, and Key Policy Issues, September, 1998, by C. Adams, D. J. Mathieson, G. Schinasi & B. Chadha. 〈IMF, 1998〉

IMF, *Global Financial Stability Report*. 〈IMF：GFSR, Apr. 2013〉 〈IMF, GFSR, Oct. 2013〉 〈IMF, GFSR, April 2014〉

IMF Staff Discussion Note: *A Banking Union for the Euro Area*, February 13, 2013, by Rishi Goyal, Petya Koeva Brooks, Mahmood Pradhan, Thierry Tressel, Giovanni Dell'Ariccia, Ross Leckow, Ceyla Pazarbasioglu and an IMF Staff Team. 〈IMF Staff Discussion Note, 2013〉

Jonung, L., *What Can History Tell Us about the Future of the Eurosystem* in D. Ehrig, U. Staroske and O. Steiger（eds）, *op. cit.* 〈Jonung〉

Karkagiannis, K., *Europe missed an opportunity on banking union*, 2013, 12-26. 〈Karkagiannis〉

Merler, S. & Ferry, J., "SUDDEN STOPS IN THE EURO AREA," Bruegel Policy Contribution, March 2012. 〈Merler & Ferry〉

Merler, S. & Wolff, G. B., *Ending Uncertainty: Recapitalisation under European Central Bank Supervision*, Bruegel Policy Contribution, December 2013. 〈Merler & Wolff〉

Nagel, J., *Understanding central bank balance sheets, Contribution to the International Economy Magazine*, No. 26, 2012, on31 August 2012. 〈Nagel〉

Schmitz, G., *An Analysis by in Brussels, Not Fit for the Next Crisis: Europe's Brittle Banking Union*, December 19, 2013. 〈Schmitz〉

Sapir, A. & Wolff, G. B., *The neglected side of banking union: reshaping Europe's financial system*, Note presented at the informan ECOFIN 14 September 2013, Vilnius, Bruegel. 〈Sapir & Wolff〉

Seidel, M., *Legal Aspects of the European Central Bank versus the National Central Banks within the Eurosystem* in D. Ehrig, U. Staroske and O. Steiger（eds）, *op. cit.* 〈Seidel〉

Sinn, H. W. & Wollenhäuser, *Target Loans, current account balances and capital flows: the ECB's rescue facility*, Int.

Tax Public Finance, May 2012. 〈Sinn & Wollenhäuser〉

Steiger, O., "Which Lender of Last Resort for the Eurosystem?," Zentrum für Europäishe Integrationsforshung, Rheinishe Friedrich-Wilhelms-Universität Bonn, September 2004. 〈Steiger, 2004〉

Valiante, V., *Framing Banking Union in the Euro Area*, CEPS Working Document, No. 389/February 2014. 〈Valiante〉

Whelan, K., *Is Jens Weidmann Right About Bundesbank Target 2 Risks?* 2012.3.6: Credit Writedowns. 〈Whelan ①〉

Whelan, K., *Target 2: Not why Germans should fear a eruro breakup*, VOX, 29 April 2012. 〈Whelan ②〉

＊なお、ＥＣＢ首脳の発言については年月日だけを表示し、原資料のタイトルは省略。その日付けからＥＣＢのホーム・ページを通じ原資料を閲覧できる。

日本語文献

天野俊彦「ユーロ圏における銀行同盟を巡って―その背景・概要及び影響―」『跡見学園女子大学マネジメント学部紀要』第一七号、二〇一四年一月。〈天野〉

井上武「欧州における銀行監督を巡る最近の動向」『金融庁金融研究センター・ディスカッションペーパー』二〇一三年四月。〈井上〉

長部重康「サルコジの金融危機戦略―ヨーロッパは救われた」『世界経済評論』二〇〇九年三月号。〈長部〉

鈴木敬之『ＥＵにおける銀行同盟の議論』預金保険機構、二〇一三年。〈鈴木〉

武田哲夫「欧州中央銀行（European Central Bank）の金融政策（上）」拓殖大学政治経済研究所紀要『拓殖大学論集（二三五）政治・経済・法律研究』第三巻第一号、二〇〇〇年八月。〈武田、二〇〇〇①〉

武田哲夫「欧州中央銀行（European Central Bank）の金融政策（下）」同上、第三巻第二号、二〇〇〇年一二月。〈武田、

二〇〇〇②〉
武田哲夫「欧州中央銀行の特殊性」田中素香・春井久志・藤田誠一編『欧州中央銀行の金融政策とユーロ』有斐閣、二〇〇四年、第2章所収。〈武田、二〇〇四〉
古内博行「欧州債務危機とドイツの試練」千葉大学『経済研究』第二八巻第一号、二〇一三年六月。〈古内、二〇一三〉
米倉茂『落日の肖像―ケインズ』イプシロン出版企画、二〇〇六年。〈米倉、二〇〇六〉
米倉茂『新型ドル恐慌―リーマン・ショックから学ぶべき教訓』彩流社、二〇〇九年。〈米倉、二〇〇九〉
米倉茂『すぐわかるユーロ危機の真相―どうなる日本の財政と円』言視舎、二〇一二年。〈米倉、二〇一二〉
米倉茂『とことんわかるアベノミクスと日本銀行』言視舎、二〇一三年。〈米倉、二〇一三①〉
米倉茂「ECB総裁ドラギ・マジックの特殊性―ユーロ圏の金融分断化の根絶を図る銀行同盟構想」『国際金融』一二五四号、二〇一三年一一月号。〈米倉、二〇一三②〉

＊なお本書の基調をなすのは以下の論文である。本書はそれを大幅加筆し、全面的に再構成している（「危険がいっぱいのユーロ銀行同盟（上）（下）」『国際金融』一二六一・一二六二号、二〇一四年六・七月）。

【執筆者紹介】

米倉　茂（よねくら・しげる）

略　歴

経済学博士（東京大学）。

一九五〇年、鹿児島県生まれ。

八三年、東京大学大学院経済学研究科博士課程単位取得退学。

八七年、佐賀大学経済学部助教授。

九八年、同学部教授、現在に至る。

主要著書・論文

『英国為替政策―１９３０年代の基軸通貨の試練』御茶の水書房、二〇〇〇年。

「ＩＭＦ協定第8条の怪―同協定のジグソーパズルを解けなかったケインズ」（外国為替貿易研究会『国際金融』一一五七号、二〇〇五年一二月）。

『落日の肖像―ケインズ』イプシロン出版企画、二〇〇六年。

『ドル危機の封印―グリーンスパン』イプシロン出版企画、二〇〇七年。

『変幻進化する国債金融―膨張するドル体制の落とし穴』税務経理協会、二〇〇七年。

『サブプライムローンの真実―21世紀型金融危機の「罪と罰」―』創成社、二〇〇八年。

『新型ドル恐慌―リーマン・ショックから学ぶべき教訓』彩流社、二〇〇九年。

『すぐわかるユーロ危機の真相―どうなる日本の財政と円』言視舎、二〇一二年。

『とことんわかるアベノミクスと日本銀行』言視舎、二〇一三年。

その他論文・共著多数

ユーロ銀行同盟の構図《ラビリンス》
―その死角をストレステスト―

平成二六年九月三〇日　第一版第一刷発行

検印省略

著　者　米　倉　　茂
発行者　前　野　　弘
東京都新宿区早稲田鶴巻町五三三
発行所　株式会社　文　眞　堂
電　話　〇三―三二〇二―八四八〇
ＦＡＸ　〇三―三二〇三―二六三八
〒一六二―〇〇四一
振　替　〇〇一二〇―二―九六四三七番

印刷　真　興　社
製本　イマヰ製本所

http://www.bunshin-do.co.jp/

落丁・乱丁本はおとりかえいたします
ISBN978-4-8309-4752-0　C3033